封建制の多面鏡

「封」と「家臣制」の結合

S・パッツォルト著
甚野尚志訳

刀水書房

DAS LEHNSWESEN

by

Steffen Patzold

刀水歴史全書102

封建制の多面鏡

目　次

封建制の多面鏡　「封」と「家臣制」の結合

第一章　封建制の研究史

現代まで続く封建法

多くの一般の人々が「封建制（レーエン制）」という言葉を聞けば、悪しき主君と貧しい農民、体僕制度、隷農制、搾取、暴力といったことを考えるであろう。多くの教科書が、体僕農民を「中世的な封のピラミッド」の基礎にある存在として描いているが、これは完全におかしい。このピラミッド像は誤解を招くだけである。封は、農民、不自由、搾取といった問題とまったく無関係だ。封はまた、中世に衰退する制度でもない。それどころか、封に関する事案の最後の判決は、ドイツ帝国裁判所で一九三七年四月五日に下されている。さらに現在のドイツ連邦共和国の法律は、なお封について言及している。それは『民法典施行法』（ＥＧＢＧＢと略称）(1)の中の法律であるが、その法律は公式には次のような長い名称である。すなわち、「一九九四年九月二一日付の布告により民法に導入された法律で、二〇〇九年九月二四日付法律の第二項によりさらに変更された法律」と呼ばれる。この法律はそもそも一八九六年八月一八日に公布されたものだが、その後、帝国全体の統一的な私法となった『民法典』（一九〇〇年一月一日に施行）の規定に入った。そのためドイツでは、それぞれの州の規定としてなお維持されている。ただし、この法律は多くの例外も認めており、一九〇〇年一月一日に施行された際の五九項では、この法律は「家族の問題、自由地にされた封、一族の所領については触れない」と述べている。

今日、法律家のみが、ドイツの『民法典施行法』（ＥＧＢＧＢ）に所収された、この法律を知っている。我々の日常生活では、封は何の役割も果たしていない。だが、その法律が一八九六年に作られた際、封はドイツでは確かに、それまでは諸領邦で異なる扱いを受けてきたものの、私法の対象とみなされていた。

封建制の学問モデルの形成

こうした法律について考えることは、中世の封について問う際に大きな意義がある。というのは、封の問題を考察するためには、それがいかに無関係にみえようとも、一九世紀の状況を十分に理解する必要があるからだ。一九世紀は、歴史学が学問として発展した時代であったが、その時代に、封についての基本的なモデルが形成され、その像が発展し、それが今日の我々の中世に関する知識を深く規定している。なお一九世紀においてドイツの多くの地域で現実の法律の対象として封は存在していた。プロイセン王国の一つの州であったヴェストファーレン州では、封建契約は一八七六年五月三日の法律で初めて廃棄された。一九世紀の歴史家たちは、封建制についての権威となる書物を書いたが、彼らは躊躇なく、同時代の封建法の実態と類型を過去の歴史に投影して書いている。たとえば、キール大学教授のパウル・フォン・ロートは一八五八年に、当時なお法的な効力を持っていたメクレンブルクの封建法に関する書物を書いたが、彼はそこで、この法律の源泉が一一世紀末に作成されたランゴバルド地方の封建法であることを明らかにした(2)。ロートはその前にすでに、一八五〇年に、一〇世紀までの封建制の初期史に関する書物を刊行していたが、そこでも同時代の封建法の知識に基づいて中世の封のイメージを構築していた(3)。このような封の理解は、二〇世紀の研究でも継承され、いくつかの点で修正されたものの、批判はされなかった。一九八〇年代半ばまでは、封に関する本質的な問題はもう解決済みと思われていた。封建制について手軽に知りたければ、『封建制度』という、ベルギー人のフランソワ＝ルイ・ガンスホフが書いた小著を読めばよかった(4)。数世代の間、歴史学を学ぶ学生たちは、このガンスホフの書物により封建制についての教育を受けた。そのフランス語の原著は一九四四年に出版され、まもなく主だったヨーロッパの諸言語に翻訳された。ドイツ語版は、一九八三年の第六版（最後の重版）(5)まで版を更新し続けた。

封建制をめぐる論争

だがその後、封建制についての重大な論争が生じ、一九八〇年代半ばまでは封建制の概説書で確かな事実とみなされていたものが、現在では批判にさらされている。世界中の歴史家たちが、封建制の根本的な問題について論争を起こしたからである。彼らの問いは、封建制がいつ、いかにして成立したのか、中世においてどのような機能を果たしていたのか、その意義はどのように説明されるのか、中世に本当にそれはあったのか、というものである。それらの問いは、様々な立場から説明がなされてきた。ある者は、封建制が八世紀の社会不安と暴力の時代に、今日のフランスとベルギーの領域で戦士共同体により実現された制度だとみなした。他の者は、封建制が、一一世紀終わりから一二世紀初めに北イタリアの法学者が考案した法的体系とみなし、封建制はフランク人の戦士の活動から生まれたものではなく、法学者の思考の中で誕生したものと考えた。さらにラディカルな批判者は、封建制が一二世紀の法学者の体系化の試みを継承し、最終的には一六世紀の法学者が創造したものと主張したが、この立場では、封建制は中世の現象ではなく、近代に入り構築された法学的な思考の産物とみなされる。このような歴史学の論争では、封建制の成立年代が大きな論点となる。八世紀、一二世紀、一六世紀という成立年代の違いは、封建制の性格、機能、意義をどのように評価するか、また、後世への影響をどのように評価するかという問いと深く関わっている。

封建制の実態と学問モデル

しかしこれまでのところ、封建制についての根本的な問いは、まだ十分には答えられていない。私は本書で最近の研究成果に依拠して、ガンスホフの古典的な書物とは違う仕方で封建制を論じ、また、対立する見解や学説を提示することになろう。したがって本書では、二つの歴史が並行的に語られることになる。一つは、中世の歴史である。そこでは、いかに中世の人々がヨーロッパの様々な地域で数世紀の間、土地取引を基軸としながら、その共同生活を営んだかを描く。また中世盛期以降、ドイツの俗語では「レーエン（lehn）」と記され、ロマンス語では「フェウドゥム（feudum）」と記される封を意味する言葉が、いかにして誕生したかについて述べる。もう一つは、中世研究の歴史である。そこでは、歴史家が一九世紀以降、土地取引の形態と社会構造との関係について理念型的に分析しながら、いかにして封建制の学問的モデルを作ったかについて述べる。

ともあれ重要なことは、一方での歴史的現象としての封建制と、他方での封建制の学問的モデルとを区別して扱わねばならないことである。歴史家はしばしば、モデルと歴史的現実とを取り違えるが、そのことがこれまで多くの混乱を引き起こしてきた。最近の封建制についての議論でも、部分的にはそのようなモデルと現実との混同が見出される。モデルは、人間の複雑な共同生活のすべてを叙述することはできないし、現実を単純化してしまう。しかしモデルを利用して現実を単純化することで、一定の現象を可視化させ、それにより、新たな歴史的認識を可能にする点で有用である。今述べたように、本書で扱う第二の歴史は、中世研究の歴史であるが、それについては一九九〇年代中頃に大きな分岐点があった。というのは、この時期以降、封建制のモデルが、歴史研究にとり確実に有用なものとはいえなくなったからだ。

封建制の学問モデル――「封」と「家臣制」の結合

これまでの歴史の概説書や事典に書かれたモデルは、要約すれば以下のとおりである。図で示せば図(1)のようになる。封建制は二つの構成要素からなる。一つは人的な要素、もう一つは物権的な要素である。人的な要素は「家臣制（Vasallität）」と呼ばれ、物権的な要素は「封（Lehen）」と呼ばれる。

このモデルにおいて第一の構成要素である家臣制は、二人の法行為可能な自由人、つまり主君と家臣の間での契約である。この契約は双方の義務を伴う。家臣はその主君に対し、誠実の義務があり、奉仕の義務を負う。通常、それは助言と援助であるが、それには多くの具体的な内容がある。すなわち、助言を行うこと、裁判に関与すること、主君のために従軍することなどだ。主君はその代わりに、家臣に対する誠実を負い、家臣を保護し、防衛する義務がある。また、第三者からの暴力的侵略などに際して援助する義務がある。

このモデルでは、主君と家臣の契約は、必ずしも書面で結ばなくてもよいことが前提とされている（これは、現在のドイツ連邦共和国で契約が必ずしも文書によらなくても有効であるのと同じである）。その代わり、家臣となる契約は通常、象徴的な行為でなされた。つまり、家臣はその主君に誠実を誓約し、とくに家臣は主君に対し、いわゆる「臣従礼（homagium）」――フランス語では「オマージュ（hommage）」、ドイツ語では「マンシャフト（Mannschaft）」と呼ばれる――を行った。それにより家臣が、主君の家来（マン）になるからだ。その儀礼（手交の儀礼）では家臣は、主君の前に跪き、手を差し出し、主君は自身の手で家臣の手を包む。さらに可能であれは、主君と家臣は接吻をする。

第二の構成要素は、物権的要素、すなわち封である。封は、封建制のモデルでは家臣制と密接に結びついている。家臣は封により、主君から物質的な基盤を得て主君に奉仕することができる。封は、基本的に一定の土地であったが、家臣に主君への奉仕を可能にするものであれば、別の何らかの収入源でもよかった。重要なことは、主君がこの収入源自体を家臣に授与するのではなく、家臣に対してそこから収入を得る権利を認めることである（ただし、封による権利の譲渡について法的に正確に描くことは難しい。一二世紀以降、法学は、封の授与者とその取得者の権利について法学的に概念化しようと試み、いくつかの異なる理論を構築してきたからである）。主君が家臣にこうした用益権を授与する行為は、「授封（Investitur）」と呼ばれ、その行為は通常、象徴的な儀礼により確認された。また、封として貸与された土地に関しては、貢租の支払いはまったく課されることがなかった。この点で封は、売買、賃貸、小作の契約から区

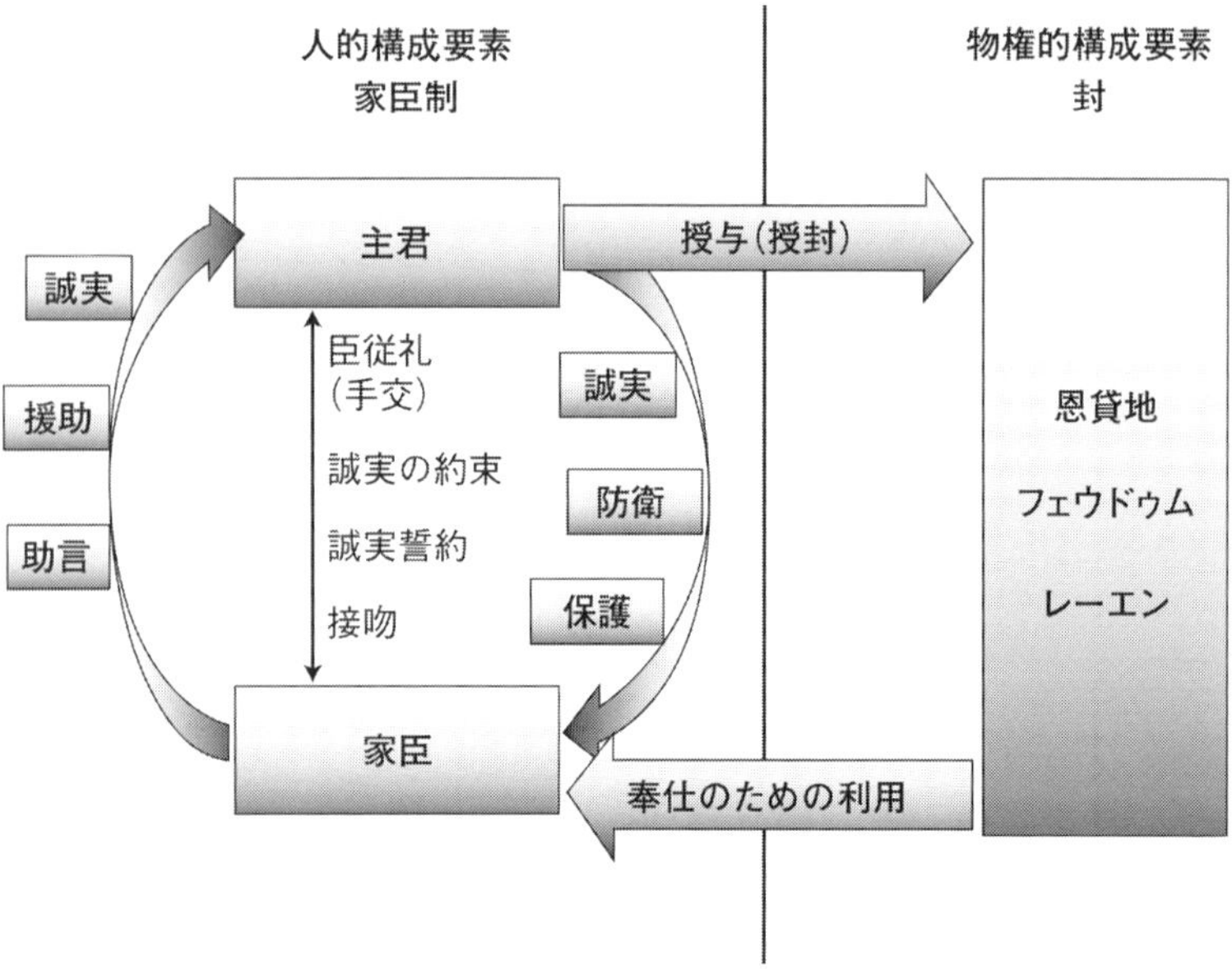

図（1）　封建制の学問モデルの概念図

別される。

また、封建制のモデルに従えば、家臣制と結びついた封としての土地貸与には、最初から期間が定められていた。土地貸与は、家臣と主君がともに生きていて、両者が義務を果たすかぎりで存続した。人的な要素が消失すると――パートナーの一方が亡くなるか、あるいは契約を守らない場合――封としての土地貸与も解消された。主君が亡くなった際の解消は「主君の死（Herrenfall）」、家臣が亡くなった際の解消は「家臣の死（Mannfall）」、両者の一人が誠実を破った際の解消は「誠実義務違反（Felonie）」と呼ばれた。

さらに、家臣には土地の所領権ではなく用益権のみが与えられるので、土地を他の土地と交換したり、譲渡したり、売却することはできなかった。この点で封は、「自由地

(Allod)」と呼ばれる所有地とは異なる。だが家臣は、他の方法で、その封から利益を得ることもできた。つまり、家臣が自身の家臣にその封を貸与し、家臣の契約を締結することによってである。ドイツ語圏の研究で、それは、「陪臣(Untervasallen, Aftervasallen)」への「再授封(Afterlehen)」と呼ばれている。このように封建制のモデルでは、多くの段階からなる封建制の階層秩序、すなわち主君から家臣へ、さらに陪臣へ、さらに陪臣の陪臣への階層秩序が想定された。

封建制の学問モデルへの批判

この封建制のモデルに対しては、イギリスの歴史家スーザン・レナルズが一九九四年の大著で最も厳しい批判を行った(6)。ただ、レナルズはこのモデルに対して、それがあまりにも粗雑なモデルだと批判したのではない。逆に、このモデルが複雑すぎ、あまりに多くの前提となる概念を必要とするので、このモデルでは歴史的な実態の理解が不可能だと批判したのである。本書では、このモデルについてこれ以上触れないが、このモデルが、封建制を語る際に必要な要素、つまり、「家臣制」と「封」、さらにそれらの内的な関連を包括的に説明するモデルだとのみ言っておきたい。

このような背景のもと、現実の封建制に関する論争は、二つの大きな問題をめぐってなされてきた。一つは、いつからヨーロッパ社会で封と家臣制とが内的に結合し、それが、軍制、所領の交換、権力の組織、エリートの心性にとって重要なものとなったのかという問題である。もう一つは、こうして封建制の成立年代を再考することで、封の社会的価値、機能、性格に関してどのような理解を得ることができるのか、という問題である。

本書では、封建制の成立時期に関する論争をすべて扱うので、論述の構成は、時代ごとに分けた三つの部分からなる。まず、古い研究が封と家臣制の歴史の始まりをみた八、九世紀のフランク王国について考察する。次に、北イタリアで封建制が誕生し、他のヨーロッパの地域に広がった一〇世紀終わりから一二世紀までの時代を考察する。第三の時代は、中世後期から一六世紀であり、封建制に関するラディカルな批判によれば、この時代に初めて家臣制と封の体系的な結合が見て取れるとされる（ただし本書では、この時代については帝国のアルプス以北の地域に限定する）。この三部のいずれでも、私は二つの異なる歴史研究の立場を対比的に提示し、両者を比較検討したいと思う。一つは、中世の土地取引と人的結合関係の多様性を主張する歴史研究であり、もう一つは、一九九四年のレナルズの著作以降、厳しく批判されている、これまでの封建制のモデルである。

封建制の術語をめぐる問題

さらに、術語をめぐる二つの問題についても説明しておきたい。第一は本書のタイトルとなる“Lehnswesen”［本訳書では「封建制」と訳する］という言葉である。多くの言語で、ドイツ語の“Lehnswesen”に対応する言葉はない。イギリス人は“feudalism”、フランス人は“féodalité”、イタリア人は“feudalesimo”について語るが、これらの言葉は、封と家臣制とが密接に結びついたドイツ語の“Lehnswesen”とは異なるものを意味している。これらの、ドイツ語では“Feudalismus”となる言葉は、土地所有により構築された経済的秩序、あるいは、土地を所有する主人と従属農民の明確な階層秩序のある社会構成体、あるいは、支配の分権化と権力の私物化により特徴付けられる政治的秩序を意味している。エリザベス・ブラウンは一九七四年にすでに、"feudalism"を中世研究の言葉から排除すべきことを提唱した(8)。なぜなら、その概念があまりにも多義的で不明確だからである。本書でも、この多義的で曖昧な概念である"feudalism"を扱うのではなく、"Lehnswesen"としての封建制を考察対象とする。しかしながら、歴史家たちは世界中で、玉虫色の言葉である"feudalism"、"féodalité"、"feudalesimo"をいまだに使っているので、本書では"feudalism"の言葉の多義性についても補足的に説明したい。

第二は"Lehen"〔本訳書では「封」と訳す〕という言葉である。この言葉はもともと、今日の言葉でいえば「貸与（Leihe）」を意味し、この広い意味で日常生活の言葉としても使われていた。したがって、多くの歴史家たちが、この言葉をこの広い意味で捉え、貸与の様々な形態を封として記述してきた。しかしこの言葉は、それが何を意味しているのかをその都度、具体的に考えなければその意味は明確にならず、一般的な貸与も含めて用いれば誤解を招くので、本書では、特別な人的関係、つまり家臣制と結びついた貸与の特殊な形態のみを封という言葉で表現することにする。

第二章　八、九世紀のフランク王国

一　古典的な見方

古い研究は、八世紀以降のフランク王国で、封建制に対応する現実が存在したと確信し、この時代を封と家臣制の誕生期とみなした。とくに歴史学者たちは、この二つの構成要素の結合が歴史を大きく変えたと想定した。すなわち、遅くとも八世紀の終わり以降、封と家臣制の結合がエリート内部の権力関係を変化させ、農業経営のあり方に影響し、軍制を組織化し、人々の心性にも大きな刻印を残したと考えた。

歴史学者たちは、いかに封と家臣制が成立したのか、またそれらがどのように結合したのかを解明しようとし、七〇〇年頃すでに、この二つの構成要素の古い先駆的な形態があったと仮定した。家臣制については、それがローマの托身制とゲルマンの従士制から発展したものとみなした。一方、封については、それがいわゆるプレカリア契約（古代末期から知られていた土地貸与契約の一形態）(8)から発展したものとみなした。そして、八世紀にかけての戦争と暴力の時代に、二つの要素が一つの新しい制度へと融合し、強力な主君たちが封建制を利用し、戦う従士集団を自身のもとに束ねた、と考えた。

「家臣制」の起源①――「托身制」

この説をもう少し詳細に検討してみよう。托身制は自由人に対し、その人が困窮に陥っている際に救いを与えるものであった。つまり、自由人で自身や家族を養うことができず、家を失い、飢えて凍える人が、他の人に保護を求め、「身を委ねる（ラテン語で“se commendare”）」行為である。それは、困窮した人が相手に対し、主人に対するように服することを意味した。困窮した人は相手に服従を約束し、奉仕しなければならなかった。逆に、主人となる人はその貧者に対し、食糧を与えることを義務づけられた。

この托身がいかなるものであったのかは、八世紀初めにトゥールで書かれた文書定式集から知ることができる。『文書定式集（formula）』とは契約の雛型であり、契約する相手の名前など、すべての具体的、個人的な記載の部分は空欄になっていて、個別の契約を結ぶ際に手本として用いられた。歴史家にとり、このような文書定式集はとくに重要性が高い。なぜなら、誰も一回だけの契約のためには雛型を作らないので、文書定式集は当時、行われていた慣習を表しているからである(9)。『トゥールの文書定式集』の四三項では次のようにいわれる。

〈他者の権力に托身する者について〉私○○から偉大なる主人○○に対して。皆もよく知っているように、私には食料も衣服もないので、私はあなたに保護を求め、自分の意志であなたの支配下に入ること、つまり、托身することに決めた。私はあなたに奉仕し、あなたに助力を与え、その代わりに、あなたが私に食事と衣服を与え、私の生計を支えるという条件で托身する。私は自分が死ぬまで、あなたに奉仕し服従する。私は、それを自由人として可能なかぎり行い、生涯あなたの権力と支配から離れず、生きているかぎり、あなたの権力と保護のもとにとどまる。我々のうちどちらかがこの契約を守ろうとしないならば、相手に対し、○○ソリドゥスを支払わねばならないこと、また、この契約は何があろうと有効であり続けることを我々は合意した。それゆえ、双方が同じ内容の二つの文書を作成し、確認するのが適切なので、そのようにした(10)。

この文書は、次のような托身制の基本的特徴を表している。すなわち、物質的な困窮を理由に一人の自由人が他人の支配に服し、彼は主人に服従と奉仕を約束し、その代わりに、彼の新しい主人から食料と衣服を期待できることである。しかし托身は、明らかに名誉あることではなかった。それは重度の困窮からの逃げ道であり、普通の自由人にとり好ましい境遇ではなかった。

「家臣制」の起源②――「従士制」

また、従士制については次のように説明される。五世紀初め以来、非ローマ人のグループ、すなわちゴート人、ブルグント人、ヴァンダル人、フランク人などが、ローマ帝国の版図内に自身の国家を形成したが、彼らは戦いの日常の中で、戦争の指導者、すなわち将軍たちにより導かれた戦士共同体を形成していた。そして、戦士と戦争の指導者を結びつける最も重要な絆が、戦士の誠実誓約であった。古い研究は、この戦士共同体を「ゲルマン人の部族」として描き、誠実誓約をゲルマンの制度とみなし、戦士たちの指導者への臣従を「ゲルマンの従士制」という概念で理解しようとした。また、ローマの托身制と違い、従士制は命令や服従に基づくのではなく、特殊ゲルマン的な誠実に基づく相互の義務によるものとした。

しかし、このような歴史像は最近の研究成果により、多くの部分で修正されている。とくに、従士制を「ゲルマンの」制度とすることは、ほぼ疑われている。最近の研究では、誠実誓約はローマの軍事的誓約に起源をもつものと理解されており、また、古代末期以降のヨーロッパ世界では、指導者により導かれた戦士集団がゲルマン民族にかぎらず、広く存在していた。

「ヴァッスス」は「家臣」か？

このように古い研究は、家臣制が七〇〇年頃にフランク王国で、この二つの古い制度、つまり托身制と従士制から発展したと仮定したが、六世紀のフランク王国の史料で見出される「ヴァッスス（vassus）」として記載される人々は、この時期には自由人を意味していない。ヴァッススという、後の時代には「家臣」を意味する言葉は、ケルト語の「奴隷（gwas）」が起源で、このケルト語は、貧窮し托身した自由人を意味してはおらず、また、戦いの指導者に従い、忠誠を誓う、法行為可能な自由人戦士も意味してはいなかった。ヴァッススは、この時期まさに奴隷を意味していたのである。このように、フランク王国の史料では最初、ヴァッススは、不自由な奴隷の意味で現れる。そこでは、ヴァッススは、「プエル（puer）」（この言葉の文字通りの意味は「若者」であるが、「徒弟」、「しもべ」、「奴隷」も意味する）と同義か、あるいは「ガシンドゥス（gasindus）」（ドイツ語の「従僕（Gesinde）」と類似の言葉）と同義であった。だが七世紀になると、ヴァッススの言葉で自由人が意味されるようになった。さらに一世紀後の八世紀には、この言葉は残存する史料をみるかぎり、もはや不自由な奴隷ではなく、通常、自由人で法行為可能な男性を意味するようになる。

「封」の先駆的形態としての「プレカリア契約」

また古い研究は、八世紀のヴァッススが托身制と従士制の結合から生まれたもので、家臣となる契約により、主君に臣従する自由人であったと想定した。さらに、このヴァッススのうち多くの者が、その主君への奉仕を行うために封を授与され、遅くとも九世紀には、家臣制と封の結合が慣習となって封建制が成立すると考えられた。

また、封には歴史的な先駆形態があるともみなされた。ヴァッススと彼らの物質的な装備に関する情報を与えてくれる八、九世紀の史料はラテン語で書かれているが、歴史家がつねに封と翻訳してきたラテン語は、これらの史料では「恩貸地（beneficium）」といわれる。その言葉は、本来は「恩恵」の意味しかなかったが、古代末期のローマ法における土地貸与の一形態である、いわゆるプレカリア契約の術語として使われていた。そして「恩貸地」が封の前段階と考えられてきた（また現在でもそう考えられている）。実際、封とプレカリア契約とはよく似ているので混同されてきた。

プレカリア契約が何であるのかは、「プレカリア（precaria）」という言葉がラテン語の動詞「プレカーリ（“precari”請願する）」に由来することから容易に理解できる。それは、ある人が他の土地所有者に対し、その土地所有者の所領の一部を、一定期間、その用益権とともに借りることを請願することである。貸借の期間はそれぞれ異なるが、五年の短い期間が通常であった。しかし初期中世には、生涯にわたる貸借もあった。また、数世代にわたる貸借もまれではなかった。請願者が書く文書が、「プレカリア」と名付けられた。土地所有者がこの請願を認可し、所領の一部の貸与を認める文書は「プラエスタリア（praestaria）」（ラテン語の“praestare”「保証する」に由来する）と呼ばれた。

ザンクト・ガレン修道院のプレカリア文書

一つの例を挙げよう。七六一年五月一一日にザンクト・ガレン修道院の修道士たちが、エリンペルトとアマルペルトという兄弟のために一つの文書を作成した(11)。この文書からわかることは、この文書で言及されるトゥルガウ（Thurgau）のツーツヴィル（Zuzwil）にある土地について、この兄弟が、自分たちの保有地とみなしていたことである。その場所は、ザンクト・ガレン修道院から約二五キロ離れた場所にあり、ザンクト・ガレン修道院の修道士たちにとり、魅力的な場所だった。エリンペルトとアマルペルトは、この所領をザンクト・ガレン修道院に委譲していた（彼らが委譲した際に作成された文書は現在失われている）。その代わりに修道士たちは、この兄弟にこの土地の用益権を与えた。この七六一年の文書は、この兄弟がザンクト・ガレン修道院に年に一度、土地の使用の代わりに、クリスマスの日に「貢租（census）」として何を支払ったのかを示している。それはビール、パン、子豚、二羽の鶏、さらに耕地からの収穫物である。この兄弟がこの高額ではない貢租を支払うかぎり、その土地を「所有し使用できた（tenire et usare）」。この文書で修道士たちは、この兄弟が土地に対する所有権（ここでは「権力（pontificium）」といわれる）を持たないことを強調している。これはエリンペルトとアマルペルトが土地を売却することも、贈与することも、手放すことも、減少させることもできないことを意味した。

この文書を書いたワリングという人物は、これをプレカリアと名付けている。この事例が賃貸契約、借地契約と違うのは明らかである。プレカリア契約による貸与では、重い貢租は課されず、少額の象徴的な貢租でよかった。この少額の貢租を支払うことは、請願者が貸与された土地を、自己の所有物として自由に扱えないことも意味していた。また、請願者に対する土地所有者の恩貸地とみなされた。すでに、古代末期の文書でプレカリア契約による土地貸与を記すために「恩貸地」という言葉が使用されている。ザンクト・ガレン修道院の修道士たちもまた、この動詞である「恩恵を施す（beneficiare）」が、「プレカリアによる貸与として保証する」ことを意味するのを知っていた。

「プレカリア契約」の魅力

この貸与形態が普及した理由は、古代末期と初期中世に、所領の一部を他の人々に貸与した多くの博愛主義者がいたからではない。実際の理由は、プレカリア契約による貸与が、両方の当事者に明白な利益をもたらしたからである。エリンペルトとアマルペルトの兄弟について、これ以上何の情報も持たないが、おそらく彼らには、財産の相続人がいなかったと思われる。したがって、彼らにとり、彼らの所有する土地を最初、修道院に寄進し、それを後にプレカリア契約による貸与として、自分たちが生涯、保持することが有益であったのだ。このようにして、この二人は、その土地を少ない貢租で彼らの死まで使用でき、その土地の収益で生活できた。同時に彼らは、修道院にこの土地を寄進していたので、修道士たちに彼らの救霊のために祈ってもらうことも期待できた。つまり、この寄進が将来、神の前でも自分たちに役立つものとなりえたのである。すでに生前から、エリンペルトとアマルペルトにとり、この修道院は強力なパートナーであった。この土地に関する権利で争いが生じたとしても、この兄弟は、修道院の修道士たちがつねに彼らを支援するだろうと確信できた。ザンクト・ガレン修道院の修道士たちは、この兄弟の土地を保持しようと望んだので、そのためにプレカリア契約を結ぼうとしたのである。最終的にこの契約は、ツーツヴィルの土地への双方の要求が書かれた文書で確認され、この文書はザンクト・ガレン修道院の文書館に保存された。

また、この事例については他の筋書きも考えられる。この寄進とプレカリア契約による貸与が、この兄弟とその親戚との争いでの、巧みな駆け引きの結果だった可能性もある。もしかすると叔父が、ツーツヴィルの土地の相続を要求したのかもしれない。その結果、この兄弟は、彼らの土地をザンクト・ガレン修道院に寄進し、その上でプレカリア契約による貸与として、少額の貢租の支払いで生涯にわたり使用することが賢明だと判断したのだろう。そうしなければ、彼らはその土地を、場合によっては彼らの親戚に譲渡しなければならないからだ。だが実際には、文書に記されているように、彼らはその土地を分割することや、その一部を他の者に譲渡することはもはや許されなくなった。

プレカリア契約による貸与は、土地所有者にとり様々な状況で利益になった。たとえば、誰かが一区画の土地を自由に処分できる場合、そして、その土地がなお開墾されていない場合、その土地を一定期間、プレカリア契約により貸すことは魅力的であった。その土地が開墾され、収穫が上がるようになったところで、今度は、その土地を安い貢租の支払いの条件で他の誰かに貸与することで、あるいは他の仕方で、たとえば、よりよい土地と交換して利益を上げることができたからである。またさらに、プレカリア契約による貸与は、第三者の要求から自身の土地を守るために有力者の保護を得る目的でも行われた。その場合は、物質的な利益よりも社会的な利益が重要となる。それは、次のような形でなされた。一人の土地所有者がまず、彼自身の土地を他の者に寄進する。その後、その土地をプレカリア契約による貸与として再び取り戻す。ただこの場合、自身が寄進した土地だけでなく、寄進した相手の所領から他の土地の貸与も受けるのが通常であった。このようにして、寄進された側は財産を増やすことができ、また一方で、寄進した側も自身が生きているかぎり、自身が寄進した土地だけでなく他の土地も使用できることになったので、双方にとり利益となった。

このようにプレカリア契約による貸与は、多くの目的のために用いられた。その魅力とその多様性は、根本的に一つの単純な原理に基づいている。それは、プレカリア契約による貸与が、土地所有者とその期限付きの利用者を区別し、その上で、二人の当事者間の社会的な結びつきを作ることである。初期中世の西欧および中欧では、プレカリア契約による貸与が頻繁になされた。八世紀のフランク王国でも、数は多くないが、いくつかのプレカリア契約による貸与の文書が残されている。

フランク王国の内乱とカール・マルテルによる統一

古い研究は、八世紀初めに恩貸地として史料に記載されるプレカリア契約による貸与が、より柔軟なものとなり、托身制と従士制から生じた家臣制と融合し、一つの新しい制度、すなわち封建制を生み出すと仮定した。封建制が成立したとされる七〇〇年頃は、フランク王国の歴史でも平和といえる時期ではなかった。国王はなお、五〇〇年頃にガリアで大国家を創設したクローヴィス一世の後裔のメロヴィング家であったが、メロヴィング家の国王は、七世紀後半の時期に皆、若くして亡くなっており、事実上、王宮の長、いわゆる宮宰が権力を掌握していた。六八〇年代の終わりに、アウストラシア分王国の宮宰であった中ピピンが、他の分王国の宮宰との闘争に打ち勝った。中ピピンは六三五年頃に生まれ、六七九年以降、アウストラシアで宮宰の地位に就いていたが、彼は六八七年にテルトリの戦いで、最も強力なライバルであったネウストリアの宮宰ベルカールに勝利し、ベルカールが六八八年か六八九年初めに没すると、ネウストリアとブルグントでも権力を掌握した。

だが、中ピピンが没すると内乱が生じた。というのは、彼には二人の妻プレクトルードとカルパイダが生んだ息子たちがいたが、プレクトルードの息子のドロゴとグリモアルドは父よりも早く亡くなっていたので、プレクトルードは七一四年に中ピピンが没すると、未成年の孫、つまり、グリモアルドの息子のテウドアルドとドロゴの息子のアルヌルフを後継者にしようとした。だが、それに対し、カルパイダの息子のカール――後世の人が「マルテル（鉄槌）」のあだ名を付けた人物――が抵抗したからである。カール・マルテルは数年間の戦いの後、七一七年までには、アウストラシアでプレクトルードに打ち勝ったが、その後も彼は戦いの日々を送った。七一五年には、蜂起したネウストリアの宮宰ラガンフリドと戦い、その後、七二〇年代以降、イベリア半島から攻撃してくるムスリムと戦い、さらにはフリースラント人、ザクセン人、アレマン人、バイエルン人と戦ったのである。

古い研究は、この戦争と暴力の時代が封建制の成立のきっかけとなったとみなしている。中ピピンとカール・マルテルは、国内では彼らのライバルに勝つため、国外では敵と戦うため、多くの戦士たちを必要としていた。戦いに参加する戦士たちは、中ピピンとカール・マルテルに誠実誓約を行い、托身制と従士制により「しもべ（puer）」、「家臣（vassus）」として従ったが、彼らは、鎧に身を固めた騎士でなければならなかった。戦士の装備のうち、鎧と馬はとくに高価だったので、自由人でもすぐには賄えなかった。中ピピンとカール・マルテルは、十分な数の戦士集団を配下に入れるために必要な財源を確保し、その装備を賄わねばならなかった。

教会領の世俗化と封建制成立のテーゼ

ピピン家はもちろん豊かだったが、古い研究によると、戦士のための費用を永続的に捻出することはできず、新たな財源を得る必要があった。そこでカール・マルテルは、教会に目をつけた。教会は信徒の寄進により、古代末期から富裕になっていたからである。カール・マルテルは、教会が集積していた土地を彼の戦士たちのために利用しようとし、一九世紀の歴史家たちが「教会領の世俗化」と名付けたことを実行した。それは、よりはっきりといえば、カール・マルテルが教会からその財産の一部を奪い、それにより、彼の家臣つまり重装備の騎士の装備を賄った、ということである。

古い研究によれば、家臣制と恩貸地が融合するまでには、さらに二つの段階があった。第一の段階は、カール・マルテルの死後すぐに生じた。それは、七四二年あるいは七四三年以降、カール・マルテルの息子のピピンとカールマンが支配する時期に、イングランド人ウィンフリド・ボニファティウスの指導によりフランク教会の改革が始まり、その過程でカール・マルテルの「教会領の世俗化」が一度、批判された時期に生じた変化である。そのとき、司教と修道院長たちは、奪われた土地を再び取り戻すことを望んだに違いないが、単純な所領の回復は、カールの息子たちが彼らの家臣を失うことを意味したので、所領の回復はほぼありえなかった。しかし、この状況でプレカリア契約による貸与が好都合な妥協策となったのである。教会は、奪われた土地を再度、自身の所領として取り戻した上で、今度は、宮宰ピピンとカールマンの命令で、プレカリア契約による貸与として再び、彼らの家臣にその土地を委譲し、彼らが、その土地を利用して生計を維持できるようにしたからだ。そして教会の聖職者たちにとり、この解決が魅力あるものと思われるように、教会に対しては、プレカリア契約による貸与地から特別の貢租が支払われることが決められた。具体的にはカール大帝の七七九年のヘルスタル勅令で、家臣は、貸与された教会の所領から、通常通り、収益からの「一〇番目の十分の一（decima）」の支払いのみではなく、「九番目の十分の一と一〇番目の十分の一（nona et decima）」（併せて五分の一）を支払うようにと命じられた。すなわち、所領の収益の二〇％にあたる貢租である(12)。

こうして、宮宰とその戦士間で結ばれた家臣制の人的紐帯と、生存中という期限付きで利用できる恩貸地が歩み寄り、合流することになった。だがこの段階ではまだ、当該の土地は教会の所領つまり第三者の所領であり、封建制を構築するための最後の小さな一歩がまだない。その一歩とは、家臣制と恩貸地の結合であるが、古い研究はこの結合が急速に実現し、八世紀の間に教会の介入を受けない慣習となったと仮定してきた。すなわち、遅くとも九世紀初めに家臣は、期限付きで利用できる貸与地の収入で武具を装備し、彼らの軍事奉仕を行ったとされる。そして、貸与地が恩貸地と呼ばれた。古い研究では、その恩貸地は、プレカリア契約による土地貸与の意味ではなく、「封（feudum）」と翻訳されてきた。

バイエルン大公タシロ三世は「家臣」となったのか？

封建制は、このようにして重要な現象となり、それは軍事制度の組織化に役立ち、当時の最も重要な財源である土地の分割に影響を与えたとされるが、古い研究は、さらに議論を進める。それによれば、カール・マルテルの後継者たちはこの新しい制度を用いて、エリートたちを自身の配下として結束させた。その結果、七五一年にカール・マルテルの息子ピピンは、最後のメロヴィングの王を廃位し、剃髪させ修道士にして、それに替わり自分が王位に即いた。さらに、古い研究によれば、七五七年にバイエルン大公タシロ三世が、新しい王ピピン一世に家臣として服したとされる。この解釈は、八世紀末に王宮の聖職者が書いた文書史料のいわゆる『フランク王国年代記』に依拠している。その七五七年の項で次のようにいわれる。

国王ピピンは、コンピエーニュでフランク人の集会を開催した。そこに、バイエルン大公タシロがやって来た。タシロは、王との手交の儀礼により家臣となり、聖人の聖遺物を手で触れながら、数えられないほど多くのことを誓った。彼は王ピピンとその息子のカールとカールマンに対して、家臣と主君との間の法に従い、正しく確固とした献身の心をもって、家臣としての誠実を誓った。タシロは、聖ディオニシウス、聖ルスティクス、聖エレウテリウス、聖ゲルマヌス、聖マルティヌスの聖遺物にかけ、彼が生涯、誓約で約束したことを守ることを確認した。また彼の随行者の貴族も、この上述の場所［コンピエーニュ］か、あるいは他の場所でこれを確認した(13)。

この報告の内容は明確である。タシロは家臣になるが、それはもちろん「手交（per manum）」の儀礼によってである。彼は、聖人の聖遺物にかけて誓約を行う。彼はそれにより、疑いなくピピンの家臣になった。古い研究は、この文言を同じ年代記の他の箇所の記述と関連させながら考察してきた。つまり、同じ年代記の七四八年の記載で、タシロがバイエルン大公位を恩恵として得たとされる箇所と関連させた。両方の箇所をまとめると、見かけは明確な像が描かれる。すなわち、タシロはバイエルン大公としてピピンの家臣になったという像である。そして、古い研究によれば、タシロの模範に他の多くの貴族が習い、遅くともこの時期から、家臣制の絆がある程度、社会を形成する力となり、その結果、カロリングの王と聖俗の諸侯、司教、修道院長、伯が、家臣制の絆により結びつく社会が確立したとされる。カール・フェルディナンド・ヴェルナーは、すでに九世紀に伯や司教を含め、王の家臣が二千人から三千人おり、さらに、家臣たちが約三万人の陪臣を持っていたと想定し、軍事的、経済的な側面のみならず、政治のあり方も封建制に大きく依拠していたと考えた(14)。

二　最近の批判

このような封建制の理解は、一九八〇年代までは受け入れられていたが、それ以降、歴史家たちは、ますます声高にそれへの疑念を表明し、古い研究が構築した歴史像は、ほぼすべての部分で批判された。それに代わる統一的なモデルは、もちろんまだ確固としたものとしては形成されていない。いまだになお、古いモデルへの批判が歴史家たちの間で論議されている。最も重要な批判点について、以下で概観したい。それは、四つの大きな議論にまとめることができる。

(1)　史料の疑わしさ

第一の議論は次のようなものだ。それは、封建制成立の古典的な像が、少数の疑わしい史料に基づいている、というものである。まず、いわゆるカール・マルテルが課した「教会領の世俗化」が決して明確に証明されるものではないと批判される。もちろん、カール・マルテルが自分に忠実な者たちに司教位を与えていたことは正しいが、カール・マルテルの時代に生じたとされる大規模な教会領没収については、九世紀初頭の文書が初めて言及している。また、そうした文書の書き手の聖職者たちは、教会領が特別な法的保護を受けている九世紀初頭の現実を前提として、彼らの時代の立場から、自身の聖職者としての政治的利害を主張するために、すでに亡くなったカール・マルテルに対して批判した。カール・マルテルが実際、いわれるほど大規模に、教会領を彼の家臣に譲渡したのかどうかは疑わしい。そのことは、ヘルヴィヒ・ヴォルフラムが、カール・マルテルの時代の封建制に関する論文のタイトルに、「実際に存在しなかったことの考察（Aufnahme eines Nichtbestandes）」という印象的な副題を付けていることからも推察できよう(15)。

また、七四〇年代にピピンとカールマンが、教会領からのプレカリア契約による貸与で、実際に多くの家臣を扶養していたのかどうかも疑わしい。それは、プレカリア契約による貸与の契約が数多くあったという仮定に基づいているが、その根拠として挙げられるのは、七四三年から七四四年に開催されたレ・エスティンヌ（Les Estinnes）の教会会議の決議である。すなわち、この会議の成果の一つとして、宮宰カールマンは以下のような布告を出した。

余は、神の僕である聖職者たちとキリスト教に帰依する民衆の助言とともに、以下のことを規定した。それは、差し迫った戦争と諸民族の侵入のゆえに、教会財産の一部を、神の認可のもとに、貢租の義務を伴うプレカリア契約による土地貸与として（sub precario et censu）、我々の軍隊の維持のために一定期間、個々の荘園から年ごとに一ソリドゥスすなわち一二デナリウスを教会あるいは修道院に支払う条件で［戦士たちに］与え、そして、土地を授与された者が亡くなれば、教会が再びその土地を所有するべきことである。また、新たに諸侯がやむを得ずそれを命ずる際には、再度、土地のプレカリア契約による貸与（precarium）がなされ、新たに文書が作成されるべきである。その際、自身の土地をプレカリア契約による貸与地として授与する教会と修道院に対しては、物資の欠乏や困窮がないように配慮しなければならない。もし困窮に陥るようであれば、その土地は損なわれることなく教会あるいは修道院に返還されなければならない(16)。

この規定は疑いなく、軍役と教会領のプレカリア契約による貸与を結びつけているが、この文言からは、それがカール・マルテルの頃からすでに存在したものかどうかはわからない。なぜならこの規定では、「差し迫った戦争（imminentia bella）」といわれているように、過去のことではなく、現在と未来のことが語られているからである。古い研究は、この規定から、レ・エスティンヌの教会会議で宮宰と司教たちが、カール・マルテルの「教会領の世俗化」を復活させるため相互の和解を行ったとするが、その推測には根拠がない。

（2）言葉の多義性

批判者たちの第二の議論は以下である。つまり、これまでの研究がカロリング時代の文書に出現する多義的な言葉を、封建制のモデルの証拠として無批判に受け入れてきたというものである。実際、この時代の多くの史料で家臣が言及され、またそれ以上に頻繁に恩貸地も言及される。八世紀の文書ですでに、恩貸地を授与された者としての家臣が明確に言及されている。すなわち、ポダルという名前の男が七五六年一二月半ばに、ザンクト・ガレン修道院に対し、彼のハブスハイム（Habsheim）の所領、ケムブス（Kembs）の所領、そして、ルドルフォヴィラーレ（Rudolfovilare）という、現在では場所が特定できない所領を贈与した。最後の所領は、「私の父がその死に際し、私に遺贈したものであり、アマルギス、ウィンフリドという名前の私の家臣たちが私からの恩貸地として保持していた」といわれる。またカール大帝は、エヒテルナッハ修道院に対し、七七七年から七九七年の間に、モーゼルガウ（Moselgau）にあるヴィラ・ドウエンドルフ（villa Douuendorf）を譲渡しているが、それは「余の家臣のゲラルドがこれまで余の恩貸地として保持していた」ものであった(17)。このような例は挙げようと思えば、まださらにある。

古い研究は、この種の文言を家臣制と封の関係の証拠として、つまり、封建制の成立の証拠として疑いなく解釈してきた。だが、こうした文言は、決してその証拠にはならない。なぜなら、それが重要な問題を明らかにしないからである。すなわち、家臣と恩貸地という言葉で何が意味されているのか、どのような歴史的現象がそこで描かれているのか、ここで描かれる現象は封建制のモデルとされるものに対応するものなのか、という問題である。我々は、ポダルの家臣たちのアマルギスとウィンフリドがどのような役割を果たしていたのかを知らないし、また、カール大帝の家臣のゲラルドがどのような奉仕を行っていたのかも知らない。また、彼らがその恩貸地を、彼らの奉仕、すなわち具体的には軍役奉仕と主君の宮廷への旅の財源として保持していたのかどうかも知らない。ここで封建制のモデルが描くように、彼らの恩貸地が法的に家臣制に結びつくものであったのかどうかも知らない。おそらくアマルギス、ウィンフリド、ゲラルドは、家臣たちとしての彼らの身分とは無関係な形で、つまり、プレカリア契約による貸与として、これらの土地を持っていたのではないだろうか。

したがって、根本的な問題は言葉の多義性にある。「ヴァッスス」は封建制のモデルでは「家臣」を意味する。恩貸地は、基本的な意味で「恩恵」を意味するが、それとともに、様々な所有のあり方を示す。古い研究では、ヴァッススは家臣として、恩貸地は通常、封として解釈されてきた。だが、それでは不十分であろう。家臣を表す言葉には「従者（fideles）」、「家士（homines）」、「戦士（milites）」といった多くの言葉もあるからだ。

また、封と土地貸与の方法の研究史をみれば、恩貸地という史料の言葉の解釈が、時代とともに驚くほど狭くなっていくのがわかる。プレカリア契約による貸与と封との類似については、一九世紀の歴史家がすでに議論していたが、また一方で、彼らは、九世紀に（またその後も長い間）、土地を貸与された者を家臣として拘束しない恩貸地があることにも注目していた。その結果、「農民の封」または「非家臣の封」と、「騎士の封」または「家臣の封」の区別がなされ、「非家臣の封」としての土地授与がとくに農民の世界の現象であると理解された。だが、それは事実ではない。貴族や王でさえ九世紀には、家臣制とは無縁な恩貸地を保持することができたからである。

こうした史料解釈の誤りが、学問的には致命的なものとなった。一九三〇年代、四〇年代に提示された封建制についての影響力ある叙述は、最初から「農民の封」を考察から除外していた。なぜなら、それは家臣制と封の結合の歴史にとり、都合の悪い考察対象であったからだ。個々の事例で、「家臣の封」と土地貸与の他の形態とを明確に区別することは、そう簡単なことではない。最近になって初めて、スーザン・レナルズとブリギッテ・カステン(18)が、先入観に囚われない史料研究の重要性を強調するようになったが、現在、恩貸地という言葉がそれぞれの文書で何を意味していたのかを、真剣に検討することが求められている。

ヴァッススという言葉も同じである。この言葉は、古い研究が想定したよりも、実際には八世紀終わりから九世紀の文書ではまれにしか現れない。また、そこで現れる場合も――スーザン・レナルズが指摘したことだが――この言葉は封建制のモデルが考えるような家臣をつねに意味するわけではない。また、それとともに重要なことは、従者、戦士、家士のような言葉も、家臣を表す言葉となりうることである。

このような方法的な問題に関わる具体的な例をさらに挙げて説明したい。

a．「ヴァッスス」の多義性の例——カール大帝の寄進文書

カール大帝は、七七九年一一月一三日付の文書で、オタカルという者がヴォルムスガウ（Wormsgau）の四つの場所で恩貸地として保持していた所領をフルダ修道院に寄進した。オタカルが保持していた所領のうち、マインツにあった恩貸地には二五の荘園、五六人の不自由人、一六人の半自由人、さらにいくつかの葡萄畑が含まれていた。この文書では、国王がオタカルを自身の従者と記している。これまでの研究は、オタカルが王の家臣で、この文書で記される豊かな恩貸地を封として保持していたと考えてきた。

オタカルについては他のフルダ修道院の文書からも、なお少しのことがわかっている。彼はすでに、その約二五年前の七五四年六月に、フルダ修道院に対し、ヴァッケルンハイム（Wackernheim）——ヴォルムスガウにありマインツとインゲルハイムの間にある場所——にある葡萄畑を寄進していた⒆。彼は七七二年二月にフルダ修道院の修道士たちに、とくに彼が住んでいた家屋敷と、彼が両親からヴァッケルンハイムで相続した所有地とその後にそこで獲得した所有地を加えた所有地のうち半分を委譲した。また彼はさらに、この修道士たちに、彼が保持するザウルハイム（Saulheim）の所領の半分を委譲した。もちろん修道士たちがこれらを保持できるのは、オタカルおよび彼の妻フルオズウィンドと彼の娘ランツウィンドのすべてが亡くなった後とされた。娘のランツウィンドがその取り決めの法行為の際に証人として出席したので、この文書でも証人の最初に挙げられている。オタカルは、さらに七七四年五月初めの文書で、気前のよい人物として登場する。彼はフルダ修道院に対し、妻との連名で、結婚の際

に妻に与えたモルゲンガーベ（朝の贈り物）であるザウルハイムにある、一つの荘園・一つの葡萄畑・四五モルゲンの耕地、さらにヴァッケルンハイムにある、一つの家屋敷付きの荘園・一つの葡萄畑・一つの牧草地・四人の不自由人を、彼ら夫婦とその子供の死後に移譲することを約束した。オタカルは、翌年の七七五年一一月に、妻のフルオズウィンドの救霊のために（妻はそのときなお生きていたが）、二モルゲンある所有地の半分を、フルダ修道院管轄下のブレッツェンハイム（Bretzenheim）の教会に与えた。ちなみに、オタカルの名前が挙げられる他のフルダの文書からは、彼がさらにいくつかのこれ以外の所領を保持していたことがわかる。

以上のことからわかるように、オタカルは資産家であった。そして、オタカルが少しずつフルダ修道院に寄贈した所有地は、カール大帝の家臣として軍役の装備を賄うためのものだったと理解されてきた。また、おそらくオタカルは、七七九年秋に自身がフルダ修道院に入ることを決めたため、彼は、それまで国王から保持していたマインツと他の三か所の恩貸地をフルダ修道院に寄進すべくカール大帝を説得したのではないかとも考えられてきた。

このように古い研究は、オタカルや彼のように寄進を行った者を、とくに精査することなく国王から封を得た家臣とみなしてきた。だが残存する史料からは、この事例も他の多くの類似例もそれとはまったく違うように解釈できる。実際、オタカルはカール大帝の文書でも他の文書でも、「家臣（vassus）」としては記されていない。彼はより曖昧に、「従者（fidelis）」と呼ばれている。カール大帝はロルシュ修道院のために出した判告の文書で、一方で、彼の従者たち――ハギヌス、ロートランド、ヴィッヒング、フロデガールといった伯たち――と、他方で、彼の家臣たち――テドデリック、バルトハルド、アルブウィン、フロドベルト、グントマール――を明確に区別している[20]。ここから、次のようにいうことができよう。オタカルは国王に忠実で、土地財産のある富裕な自由人であった。彼は忠誠の見返りとして、国王から、「プレカリア」によるかなりの貸与地を得た。ここでは、家臣としての絆も封の存在も見出されないが、それは同様の文書が残されている多くの類似例でも同じである。

b.「恩貸地」の多義性の例①――アインハルトの書簡

第二の例は、恩貸地という言葉の多義性を表すものである。古典的なプレカリア契約による貸与と封の間には、封建制のモデルが想定するように少なくとも一つの相違がある。プレカリア契約による貸与は封と違い、主人の死とともに終わることはない。封の方は、主君と家臣の人的な紐帯に基づいているので主君が死ぬときに終わる。それに対し、プレカリア契約による貸与は、所有者の死後に、当該の所領はその相続者が継承し、契約により一定期間貸与された用益権は、通常、貸与を受けた者のもとにとどまる。主君の死がプレカリア契約と授封を区別するためのリトマス試験紙となる。八世紀後半以降、フランク王国で封建制がダイナミックに発展したとすれば、八〇〇年頃に集中的に書かれるようになる文書の中に、主君の死の問題が見出されねばならないだろう。ガンスホフや古い世代の研究は、このことが遅くとも九世紀初めには存在したと考えた。鍵となる証拠とされたのは、教養ある宮廷人であったアインハルト[21]が八三二年一一月一二日に、エギロルフとフンベルトという二人のヴュルツブルクの聖職者宛に書いた短い書簡である。

あなたがたは、亡き司教ヴォルフガルが私の願いで、我々の家士ゲルベルトに、ドゥガルガウエ（Dugargauue）のガウのアスバッハ（Asbach）と呼ばれる場所にある聖キリアンに捧げられた所領から、三つの荘園と一二人の不自由人を「貸与した（beneficiavit）」ことをよくご存じだと思う。彼「司教ヴォルフガル」が生きていた間、それは有効であったが、私はこの司教座で新しい司教が叙階され、その司教と私の間でこの恩貸地を将来どうするかについての協定が結ばれるまで、あなたがたが前述のゲルベルトに対し、彼が今それを保持している形で、その恩貸地の保持を認めるようにお願いする(22)。

ガンスホフは、ゲルベルトに「ヴュルツブルク司教の家臣」をみようとした。そしてこの書簡を、主君の死による封喪失の証拠とみなした。つまり、ヴュルツブルク司教ヴォルフガルが亡くなり、主君の死が生じたので、司教の家臣ゲルベルトは、彼のアスバッハの封の授与を改めて懇願する必要があったと理解し、このケースで家臣制と封の法的な関連が証明されるとみなした(23)。

だが、以下のことが問題となる。アインハルトはこの短い記載で、ゲルベルトをヴュルツブルク司教の家臣ではなく、アインハルト自身の家士と記したことである。それは、アインハルトとゲルベルトの間の家臣関係を証明しない曖昧な定式である。事態は、封建制のモデルが提示するよりも複雑である。

アインハルトは、司教ヴォルフガルのもとにいるアインハルトの家士のために尽力し、家士は聖キリアンに捧げられた所領の一部の土地貸与を得た。我々は、この貸与の背後にある詳細な理由については分からないが、これは司教の生きている間、継続されるものであった。ゆえに、アインハルトは改めて、彼の家士のために仲介を行ったのである。そこでは、ヴュルツブルクで新しい司教が選出されるまでの期限付きの解決が語られている。アインハルトは、ゲルベルトの恩貸地をどうするかについて、ヴォルフガルの後継者と改めて協議するつもりであった。さらにアインハルトの言葉からは、彼が述べることが、アスバッハの土地の用益権の貸与に関して正当な理解だと言いたいことがわかる。

またここでは、封建制のモデルが、通常は主君とその家臣という二人の当事者の関係を扱うのに対し、三人の当事者が関わっている。さらに、ゲルベルトが誰かの家臣だったかどうかも確実にはいえない。したがって、アインハルトの書簡を詳しく読むと、それは、古典的な「主君の死」を証明するものではない。この書簡はむしろ、八三〇年頃の人々が、いかに柔軟に土地への権利を重層的に利用することができたか、またそのために、様々な関係を結んでいたことを示している。そうした柔軟性は、ここで、土地貸与が貸与者との家臣制的な絆がなくても、貸与者の生きている間という期限が定められている点からも窺える。この例からは、「主君の死」がプレカリア契約による貸与と封を明確に区別するものとはいえないことがわかる。

c・「恩貸地」の多義性の例②――フライジング司教区の文書

最後となる第三の例は、バイエルンのフライジング司教区の文書である。ここで、八〇七年に作成された文書には、司教アットーがタンキルヒェン（Thankirchen）という場所の教会の恩貸地を、ウルダリックという名の彼の家士に与え、ウルダリックは司教の生存中、フライジングの司教と司教座に「奉仕（servitium）」を行うという内容の覚書がある。この覚書では、ウルダリックがフライジングの司教座教会に「忠実に（fideliter）」奉仕を行い、ずっと誠実であり続ければ恩貸地を保持でき、彼が誠実でなくなれば、彼の恩貸地を失うだろうと明確に述べられる(24)。ガンスホフは、この文書を封建制のモデルに従って解釈し、この文書において、封が法的に家臣制に結合している証拠をみた。ガンスホフは、この文書での恩貸地という言葉を躊躇なく封とし、家士という曖昧な言葉を家臣とし、奉仕という言葉をウダルリックの家臣としての奉仕と理解した(25)。さらに、不誠実の場合は、封の喪失にいたることが威嚇されていると理解した。しかし、この事例でもまた、これとはまったく異なる解釈が考えられる。というのは、ウルダリックは家臣とは記されていないので、確実にいえるのは次のことしかないからだ。つまり、恩貸地は、ウルダリックの生存中に限った土地貸与であり、彼はそれをフライジング教会への奉仕義務と引き換えに保持したということである。この奉仕とは具体的に何だったのか。封建制のモデルが仮定するものに、それは対応していたのだろうか。また、ウルダリックはアットーのために戦いに従軍したのか。これらすべてのことが、この文書からだけではわからない。他のフライジングで伝承された覚書からは、この人物と彼の家族については残念ながら何もわからない。したがって我々は推測するしかない。おそらくまず、フライジング司教座が、タンキルヒェン教会をテゲルンゼー修道院から高額な金額を支払って獲得したのだろう。その後ウルダリックが、フライジングの司教と司教座に奉仕を行う代わりに、タンキルヒェン教会の恩貸地を得たのだろう。この覚書でみられるような恩貸地と奉仕の結合は、数多くあるフライジング司教座の史料でも唯一の事例である。

最近の研究では、この種の多くの事例を分析した結果、八、九世紀においては恩貸地の言葉を、そのまま封とみなすことはできず、また、恩貸地の保持者が史料で従者、家士といわれる場合、家臣ともいえないことが明らかにされている。個々の文書について、詳しい批判的な研究が進めば進むほど、封建制のモデルに合うような慣習が広まっていたことを証明するのは難しくなる。ゆえにブリギッテ・カステンは、「恩貸地」という言葉は九世紀の史料では通常、「封」ではなくプレカリア契約による貸与と訳されるべきものだ、と主張している(26)。

(3) 史料の背後にある多様な現実

ここで恣意的に選んだ、オタカル、ゲルベルト、ウルダリックの三人の例からは、批判者たちの第三の議論が導かれる。すなわち、家臣、恩貸地、奉仕という史料の言葉の背後には、封建制のモデルでは説明しきれない多様な社会的現実があるという議論である。ここで挙げた例でそれを示したい。オタカルは裕福な人物で、マインツ、ヴァッケルンハイム、ザウルハイム、そしておそらくまた、他の場所にもかなりの所領を持っていた。それらは彼の両親から相続したものや、生涯にわたり、購入と交換により獲得したものであった。とくに彼は、少なくとも一つのかなり大きな恩貸地を国王から獲得している。彼は、発展期のフルダ修道院に何度も寄進を行える状況にあった。そしておそらく、彼はこの修道院で晩年を過ごした。オタカルは少なくとも地域のエリート層に属していた。アインハルトの家士であるゲルベルトは、それに比べれば慎ましくみえる。彼はヴュルツブルクの教会の小さな恩貸地――それは一二人の不自由人が住む三つの荘園である――を保持していたが、彼が家士として奉仕したアインハルトは、強力なパトロンであり、アインハルトはゲルベルトのために様々な尽力をした。また、フライジング司教区のウルダリックに関していえば、彼は深く教会制度に関わっていた者といえる。というのは、彼自身、フライジング教会の奉仕に身を「委ね（tradere）」、つねに誠実に奉仕するという条件で、その代わりに恩貸地を得ていたからである。古い研究の批判者たちは、これら三つの異なる生活世界（実際にはさらにいくつかの異なる生活世界がある）を、家臣制と封の硬直した概念で裁断するとき、そこから何を得ることができるのか、と問うているのである。ともあれ、九世紀のフランク王国の細かい社会史的な分析を行うためには、家臣制と封の概念を用いることは適切とはいえない。

（4）封建国家像への批判

批判者たちの第四の主張は、現在、最も議論の多いものである。それは、フランクの王たちが遅くとも九世紀中には、エリートたち、とくに司教、修道院長、伯を家臣制の絆により自身のもとに結びつけていた、という説への批判である。ガンスホフは、すでにカール大帝が「大規模に、伯などの公権力の高位の者を」、「彼の父がすでに行っていた政策に従い、彼の家臣になるように」促していた、と考えた(27)。スーザン・レナルズ(28)、ブリギッテ・カステン(29)、ローマン・ドイティンガー(30)らはその説に反対し、全カロリング期を通じて、王の家臣と、司教、修道院長、伯とは明確に区別すべき存在だと論じた。批判者たちはその際、二つの点で批判を行っている。一つは、古い研究が、名門出で最初に王の家臣となった者とみなすバイエルン大公タシロ三世についてである。もう一つは、カロリング朝の国王が九世紀に、司教領、修道院領、伯領を封として家臣に授与していたという説への疑問である。

タシロ三世の臣従は王の「家臣」となったことを意味しない

まず、タシロ三世については、マティアス・ベッヒャーが新たな研究を出している(31)。タシロ三世について詳しく言及するのは、カール大帝の宮廷聖職者たちにより書かれた、いわゆる『フランク王国年代記』で、この年代記の七四一年の記載から少なくとも七八八年の記載までがひとまとまりの記述となっていて、そこでタシロ三世が言及される。その部分の記述は、政治的に緊迫した状況のなかで書かれた。というのは、カール大帝は七八八年にインゲルハイムの集会で、彼のいとこであるタシロ三世の裁判を行ったからである。タシロ三世には死刑判決が下ったが、カールが恩赦を与え、タシロ三世は「彼の多くの罪を悔い、魂の救済のために修道院に入ること」を求めた。このように『フランク王国年代記』で、カール大帝の宮廷歴史家は述べている。その後タシロ三世はジュミエージュ修道院に入り、権力からは遠ざけられた。また、タシロ三世の息子テオトも、インゲルハイムの集会で有罪判決を受け修道士になった。

『フランク王国年代記』によれば、七八八年にタシロ三世は敵前逃亡の罪で弾劾された。タシロ三世は「ある軍役の際、王ピピンのもとを離れた。それは民衆語で“harisliz”〔軍役放棄〕と呼ばれるものであった」と『フランク王国年代記』の著者たちは、七四一年からの歴史記述の中で、七八八年以降に書いたわけだが、この文章は明らかに、タシロ三世への告発を歴史的に正当化するのに役立った。また著者たちは、同じ告発の目的で、タシロ三世が七五七年にはピピンの家臣であったとも書いている。家臣であれば、タシロ三世は主君のための軍役義務があった。しかし、タシロ三世が家臣になったことを述べるのは、『フランク王国年代記』とそれに従う史料のみである。ゆえに、彼が家臣となったことは疑わしい。つまり、公的な歴史書が、バイエルン大公タシロ三世の七八八年の公開裁判における廃位を正当化するために、それに適合する歴史記述として書いた疑いがある。したがって、タシロ三世が自由意志で七五七年にピピンの家臣となったので、その後、他のエリートたちも家臣の地位に魅力を感じるようになった、という説は疑わしい。

実際、『フランク王国年代記』の歴史記述は、まったく逆の解釈が可能である。七八七年の記載で再度、タシロ三世が武力により屈服し、手交の儀礼を行い、カール大帝の家臣となったことが報告されている。ここで言及される、両手を組み、主人の手でそれを包む手交の儀礼は、明らかに名誉ある行為ではなく、屈辱的な服従の行為であった。ゆえに、『フランク王国年代記』の著者たちは、不誠実なタシロ三世を辱めるため、そしてタシロ三世の廃位を正当化するため、廃位以前に彼が忠誠を誓約して家臣となり、手交の儀礼を行ったという話を捏造したのではないかと考えられる。こうした記述からは、家臣制がエリートにとり、七八〇年代の終わりになお、フランク王との結びつきとしては、魅力的ではなかったことが見て取れる。また、家臣制と恩貸地とは、タシロ三世の場合、まったく結合しないものであった。すなわち、彼の失脚事件からは、家臣制が人的絆のあり方として存在してはいたが、名誉あるものとはみなされず、またそれが封の授与とも必ずしも結びつくものではなかったことがわかる。

「王の家臣」が意味するもの

多くの家臣が九世紀を通じて史料に見出されるが、彼らは王の布告や告示で、司教、修道院長、伯の次に固有のグループとして列挙される。九世紀には高位の役職者が同時に王の家臣と記される例はない。司教も伯も修道院長も、このような家臣のタイトルを持っていない。もちろん王の家臣が、そのような職を保持した例外的なケースもあったことは推定できる。だがそうした者は、史料では家臣とは記されず、司教、修道院長、伯と記される。教養人であったライヒェナウ修道院の修道士ワラフリド・ストラボは、八二〇年代から王の宮廷に滞在していたが、八四〇年代初めに聖職と世俗の位階保持者を対比して並べる論考を書いた(32)。そこでは、司教は伯と対比され、軍事指揮官は修道院長と対比され、宮中伯は宮廷礼拝堂付司祭長と対比された。彼は「王の家臣（vassi dominici）」を、司教、伯、修道院長のような一つの位階のカテゴリーとみなし、聖界の「礼拝堂付司祭（cappellani minores）」、つまり、王に奉仕する宮廷聖職者と対比した。教養人で政治に通じたワラフリドが行った、聖職と世俗の位階保持者の対比をみれば、司教、修道院長、伯が家臣制により王に服していたとする古い研究の仮説がもはや通用しないのは明らかであろう。

さらに、ローマン・ドイティンガーは彼の研究で、八世紀と九世紀のフランク王国には「陪臣」は一人もいなかったと主張している(33)。確かに、今日まで伝承された文書史料からは、王の家臣の存在、および司教や伯などの諸侯の家臣の存在は確認できる。八八二年の秋に当時すでに高齢のランス大司教ヒンクマールが、『宮廷の秩序について（De ordine palatii）』の小論(34)を書いたとき、そのなかで彼は、王に直接服属していない家臣や従者に言及しているが、それらは、官職のない人々や学生とともに、宮廷で有力者により扶養されている人々であった。しかしながら史料上、家臣に服属する家臣の存在はこれまで確認されていない。すべての伯、司教が九世紀に家臣制により国王に臣従していたという仮説を放棄すれば、陪臣の存在もまったく疑わしいものとなる。

カロリング期フランク王国の文書で言及される家臣について、確実にいえることはそれほど多くない。その言葉が意味するのは、国王あるいは他の有力者に奉仕する人々のことである。彼らは何よりも軍役のために動員され、たいていは小部隊を率いた。彼らはまた、使者や使節のような他の任務にも従事した。さらに何よりも重要なことは、カロリング期のすべての家臣が、その主君から恩貸地を与えられていたわけではない、ということだ。したがって我々は、家臣を封の保持者とみなすわけにはいかないのである。

三　まとめ——新しいカロリング国家像

多様な人的絆の世界

批判者たちの議論を真剣に受け止めれば、カロリング国家の像はかなり変わるだろう。批判者たちに従えば、カロリング国家の根幹をなすのは、社会、経済、軍制、政治のあり方を規定する封建制ではなく、様々な土地への期限付きの権利に基づいた、人々の絆の多様なあり方なのである。つまり、そこでは家臣制と封の堅固な結合の代わりに、人々が二人の間か、あるいは三人以上の行為者の間で、様々な土地に関する取引——土地の購入、交換、贈与、相続、貸与、賃貸など——を、様々な条件のもとで、いかに柔軟に行っていたかを見ることができる。また我々は、同一の土地に関して、それが様々な権利に分割され、それらの権利が期限付きで貸与される状況を見ることもできる。さらに我々は、人と人との絆を作り出し、それを可視化する、様々な種類の誓約や儀礼の存在を見ることもできる。またそこでは、国家権力が欠如しているが、その代わりに、影響力ある仲介者たちが重要な役割を果たし、パトロンとして被保護者との関係を構築する状況を見ることができる。また、もちろん戦争と戦いがきわめて重要な問題であったことも看取できよう。

以上のことすべてが、八、九世紀のフランク王国のエリートたちの行動を規定する特徴であった。また当時、同時代について叙述する著作家は、古代に由来する政治的な言語を巧みに使用している。彼らは古代の術語を用い、「皇帝権（imperium）」、「国家・支配（regnum）」、「官職（officium）」、「共同体（res publica, civitas）」、「軍隊（exercitum）」、「民衆（polulus）」、「権利と法（ius, lex）」などを論じている。つまり、人々の複雑で錯綜する日常的実践が、現実とかけ離れた古代ローマの政治的言語で説明されていたのである。その意味でも、古代ローマ由来の術語をキーワードとする封建制のモデルが、人々の日常的実践の複雑さを把握し記述するのに役立たないことは明らかである。

「封の世襲」と「多重封臣制」の問題

封建制の古典的な像に対する最近の批判は、その後の時代の封と家臣制についての像についても修正を加えることになった。古い研究は、封建制が九世紀後半以降、次のように大きく変化すると想定した。第一に、封は相続できるようになる。第二に、封は家臣制に優先するものになる。第三に、次第に多重封臣制が発達する。これら三つの発展が合わさって、封建制に基づく政治や社会の秩序を劇的に変化させ、封建制のもともとの機能が背景にしりぞき、さらにはそれが失われるとされる。

この変化は以下のように説明される。家臣がその封を彼の息子に相続させる場合、家族は主君の死やその家臣の死に際して、封が失われることを心配しなくてもよくなり、家臣は次第に主君の影響力から逃れることができるようになった、と。この発展の一つの決定的な段階として、カール大帝の孫のシャルル禿頭王が八七七年六月中旬に出したキエルジ（Quierzy）での勅令が挙げられる[35]。そこでは、皇帝がすべての伯に自身の息子が伯の職を継承できることを保証し、さらに「余の家臣に関してもそれがなされるべきである」と述べている。古い研究では、この規定が封建制の歴史での分岐点とみなされた。これを端緒として一〇世紀になると、支配者が一般的に封の相続を認めるようになったとされる。封建制のモデルによれば、封は何よりも、家臣が主君に奉仕するための財源である。しかし、封が世襲されると、家臣制は副次的なもの、つまり封の結果生じるものとして理解される。父から封を世襲する者は、その代償として封の所有者に奉仕しなければならない。中世史学者は、これを「封建制の物権化」と呼んだ。

最終的に、封の世襲はさらなる帰結をもたらした。一人の家臣が様々な主君の封を持つようになったのである。一人の家臣がその父の封だけでなく、叔父や兄弟の封も世襲できた。封が富でありそれにより政治力が増大したので、家臣たちはこのような相続を拒否せず、彼らは可能なかぎり多くの封を得ようと努めた。その帰結が多重封臣制であった。家臣たちはもはや唯一人の主君に奉仕するのではなく、封を得たすべての主人に奉仕した。これとともに家臣制の性格が深く変化したことは、すでに古い研究でも明らかにされている。つまり、二人の主君に奉仕する一人の家臣は同時に二つの戦いに従軍することはできない。またその家臣は、二人の主君に助言を与えるために、同時に二つの宮廷を訪問することはできない、とされるようになった。とくに興味深いのは、家臣の二人の主君同士が互いに争ったときだ。家臣は彼の主君のうち、どちらを支持すべきか、という問題が生じたからである。

古い研究はこの過程に封建制の退化を見る。すなわち、八世紀にカロリング家は、重装備の戦士集団を作ることに成功し、政治的エリートは王権との双務的な関係を持ったが、九世紀後半以降は、中央権力も貴族も、封建制から利益を得ることができなくなったとする。

最近の先行研究に対する批判が、いかに破壊力があるかは、このような背景のもとで初めて理解できる。そして、最近の批判のように八、九世紀に封と家臣制の結合がまったくなかったとすれば、そのような結合は、古い研究が封建制の没落、機能不全、「衰退」、「退化」とみなした形態において初めて生じたことを意味する。批判者が正しければ、封建制の形成の論理は、これまでとは異なる仕方で描かねばならない。ただ、それだけでは不十分だ。封建制の誕生の時期とともに誕生の地が重要である。もはや、カロリング家支配の中核地である今日のベルギーのみが誕生の地の考察対象とはなりえない。なぜなら、北イタリア、南フランスでも早い時期に、所領、誠実誓約、助言と武装の義務の相互関連が見て取れるからだ。

封の世襲と多重封臣制の成立はいつか？

さらに、一〇世紀終わりから一一世紀初めの封と家臣制の歴史については、多くの古い見解を修正した新しい根本的な研究がある。それはローマン・ドイティンガーの研究であり、彼により多くの古い説が修正された。それによれば、フランソワ＝ルイ・ガンスホフ以来受け入れられてきたのとは違い、八九五年の文書が多重封臣制の最初の証拠ではない。ガンスホフが依拠した八九五年の文書は、かなり後に作成された偽書であった(36)。多重封臣制は一一世紀に――まさに土地の貸与と家臣制が結びつくのが見て取れる時期に――初めて証明できる(37)。

また、封がいつから世襲的になったのかという問いも、最近の研究の議論を参考にしつつ改めてもう一度、検討されるべきだ。キエルジの有名な勅令（八七七年六月）も、これまでとは違う解釈ができる。シャルル禿頭王はその勅令を彼のイタリアへの旅の直前に発布した。その目的は、彼が多くの政治的な上層部の者とともにイタリアで過ごそうとしたときに、息子ルートヴィヒの統治を確実なものにしておくことであった。皇帝［シャルル禿頭王］は、このような特別な状況に際し、伯に何かあったときには彼の息子に職務を継承させることを規定したのである。もちろんここでもなお、伯の任命権はつねに皇帝自身に留保されている。

だが、この文書では恩貸地について触れられず、「封」の「世襲」に至ってはまったく言及がない。その代わりに、この勅令は、皇帝の不在中に家臣が亡くなった場合、その息子が跡を継ぐことを家臣たちに保証している。これにより、家臣の地位の継承のみが保証されている。家臣制と恩貸地の確固とした結合が前提とされていない以上、キエルジの勅令は封の世襲原則の決定ではない。それはたんに八七七年のイタリア行きのための時限的な特別規定である。伯と家臣は、危険の多い、強いられたアルプスを越えた行軍に際し、その職務と地位を息子に継承させる保証を得ることになった。多重封臣制の場合のように、封の世襲についてもこれまでとは違う成立年代を考えねばならない。封の世襲が、封建制の退化ではなく、封が成立した紀元一〇〇〇年を過ぎた時期に生じているからである。こうした封の発展について次の章で考察したい。

第三章　一〇～一二世紀の「封」と「家臣制」

一〇世紀は、ヨーロッパの国家形成で鍵となる時代である。フランスとドイツの国家の誕生期であり、また、ポーランド、ハンガリーなど他の国家の誕生期でもあった。だが、この時代については、封建制の歴史を概観するのは容易ではない。なぜなら、歴史研究が国家的枠内の研究に陥っているからである。ドイツの中世史学者で今日、南フランスやフランドルの中世史を研究する者はほとんどいない。フランスやベルギーの中世史学者も、ライン川以東の地域に関心をもっていない。さらに、封建制の問題だけでなく、中世史の研究方法、叙述の仕方自体もドイツとフランスの歴史家では異なっている。フランスでは封建制のテーマは、遅くとも一九三〇年代終わり以降、ドイツよりも盛んに取り組まれ、封と家臣制は、社会、経済、心性、文化といった広い歴史の研究の中に組み込まれてきた。フランスの歴史家は、九世紀に確立した封建制の社会秩序が、いつ、いかに変化したのかを議論した。すなわち、封建社会（société féodale）の新しい段階が九〇〇年頃に成立したのか、あるいは紀元一〇〇〇年頃に成立したのか、さらに、この変化が徐々に生じたのか、あるいは突然、劇的に暴力的に生じたのか、という議論を行った。

マルク・ブロック『封建社会』から「封建的変動」のテーゼへ

封建社会の基本特徴については、フランスの歴史家マルク・ブロックが一九三九年の有名な著作で描いている。ブロックはその中で、封建社会の指標として、「農民の従属。一般には不可能であった俸給の代わりに、奉仕義務つきの保有地 tenure-service ―― 正確な意味ではそれが封である ―― の広汎な採用。

専門的な戦士身分の優越。人と人を結びつける服従と保護の絆――それはこの戦士身分の間では家臣制という特に純粋な形態をとった――。無秩序の生みの親である権力の細分化。これらすべてのもののただ中における、社会結合の別な様式、つまり、血族と国家の存続――このうち後者は封建時代第二期の間に新たな力を回復することになる――。以上がヨーロッパの封建制（féodalité）の基本的特徴といってよかろう」と述べた(38)。ブロックはガンスホフとは違い、狭い意味での封と家臣制を問題として扱わなかった。彼は社会をその変化の相で分析したので、フランスの中世史研究はこの方向性で発展した。フランスでは二〇世紀後半以降、主たる関心が封建制の制度ではなく、封建社会――「封（feudum）」がその名前の起源であるが、そこでは封は一つの構成要素にすぎない――に向かった。一九九〇年代以降、フランス人（および何人かのアメリカ人）の歴史家たちは集中的に、封建社会がいつ、どのように成立したのかについて議論してきた。ジャン＝ピエール・ポリーとエリック・ブールナゼル(39)は紀元一〇〇〇年前後の時代に、突然の大変動である「封建的変動（mutation féodale）」が生じ、封建社会が生まれたと論じた。ピエール・ボナシ(40)、ギイ・ボワ(41)、トマス・ビッソン(42)は、それぞれ違う仕方ではあるが、「封建革命（révolution féodale）」が起こったことを論じた。ドミニク・バルテルミ(43)は、経済、社会、支配組織における、繰り返された変化への「適応」としての、緩やかで長期的な変動が生じたことを論じた。だが不思議なことに、ドイツの歴史家はこうした議論にほとんど関わることはなかった。

論争の場としての北イタリア

一方、イタリアでは以前から国際的研究がなされてきた。その背景には、ランゴバルド族が六世紀終わり以降に樹立した国家が、七七四年にカール大帝により征服され、その支配下に置かれたことや、九六二年以降には北部、中部イタリアが数百年にわたり「神聖ローマ帝国（Imperium Romanum）」の一部になったことがある。そのため、イタリアの中世史はイタリアだけでなく、ドイツ、フランス、イギリスの歴史家によっても研究がなされた。封と家臣制に関する最近の論争では、北イタリアが議論の重要な役割を果たす地域となっている。それゆえにまず、北イタリアの地域でいかに封建制が形成されたかを考察し、その後にフランドル、南フランス、カタロニアへと目を転じ、最後に他のヨーロッパ地域に目を向けたいと思う。

一　北イタリア

皇帝コンラート二世の『封の定め』

皇帝コンラート二世は一〇三七年初頭、彼の軍隊とともにミラノの手前にいた。彼は五月二八日の聖霊降臨祭の日に、自身の宿営地でミラノ包囲に関する有名な布告を出した。その布告にタイトルは付けられていない。歴史家は、それを『封の定め（Constitutio de feudis）』あるいは（より適切な名称だが）『恩貸地に関する布告（Edictum de beneficiis）』というタイトルで呼んでいる。このコンラート二世の「封建法（Lehnsgesetz）」は、北イタリアの封建制の歴史の鍵となる史料である(44)。

この短い布告では、その受け取り手は言及されない。またそれを「認証（corroboratio）」――通常、それは皇帝証書の末尾にあるが――する者も書かれていない。この文書のオリジナル版は伝承されておらず、二つの写本により知られている。それは、クレモナとモンテ・カッシーノの修道院で伝承された写本であり、その二つとも一一世紀に書かれたものである。それらは、皇帝の文書局が作成したオリジナル版を手本として作成されたと思われる。

この文書で問題となっていることは何か。コンラートはこの布告の目的として、「領主（seniores）」とその配下の「騎士（milites）」の「心（animi）」が再び一つになること、つまり、彼らが互いに和解し、騎士がその主君に奉仕すること、さらにまた、皇帝にも忠誠を誓うことを求めている。その背景にある事情は、ザンクト・ガレン修道院の年代記作家のヴィポ(45)、ライヒェナウのヘルマン(46)、ミラノのアルヌルフ(47)らの著作から明らかになる。すなわち、一〇三五年以降、ミラノの地域で領主たちに対する騎士の反乱が生じており、コンラートの布告はそれをきっかけに出された。コンラートはこの状況を鎮静化するため、以下の三つの規定を行い、争いがあった場合の法的手続きを決め、恩貸地の世襲を明確に定め、授与された者が了解しない、いかなる土地交換も禁じた。その規定は以下の内容である。

「恩貸地」に関する規定

（1）司教、修道院長、女子修道院長、辺境伯、伯、あるいは、皇帝か教会から受けた何らかの恩貸地を持つ他の領主に服する騎士は、「同輩の者（pares）」、つまり同じ領主に服する騎士たちの判決がなければ、その恩貸地を失うことはない(48)。また、当該の騎士がそうした判決を不当とみなせば、皇帝の前で訴訟を起こさねばならない。もちろんその場合は、領主と同輩の騎士たちも出席しなければならない。逆に主君は、罪ある騎士の同輩たちがその騎士に対する判決を拒めば、皇帝の前で訴訟を起こすことができる。この両方の場合で、騎士はその恩貸地を皇帝の決定が下されるまで保持しうる。皇帝の前で訴訟を起こそうとする者は、相手の当事者にこの提訴を、皇帝のもとに赴く六週間前には告知しなければならない。もちろん、こうしたことすべては、「大陪臣（maiores vasvasores）」のみにあてはまる。それに対し「小陪臣（minores vasvasores）」については、コンラートは次のようにいう。彼らの争いについては、どの都市にも駐在している皇帝の「使者（missus）」の面前か、あるいは「領主たち（seniores）」の一人がいる場所で決定が下されるべきである(49)、と。

（2）コンラートは、世襲に関して以下のように規定した。騎士の息子が父の恩貸地を相続すべきである。ただ、息子が亡くなっていれば、父の恩貸地を孫が相続すべきである。その際、「大陪臣たち」の慣習に従い、相続した孫は新しい主人に馬と武器を与えねばならない。また、相続した人物の兄弟がその相続人として生きている場合（父が同じ異母兄弟でもよいが、母の他の結婚から生まれた兄弟は不可）、そして、その人物が当該の土地の所有者に対し騎士として服するのであれば、彼は父の恩貸地を相続しうる（ただし彼の兄弟が他の仕方で獲得した封については相続できない）(50)。

（3）コンラートは最終的にすべての主君に対し、当該の騎士の了解なしに、その恩貸地を他の誰かに授与することや他の土地と交換することを禁じた。またどの主君も、騎士から、騎士が自分の土地としてか貸与地として保持する土地を奪うべきではないとした。またコンラートは、自分の宮廷集団の城での饗応権を、彼の前任の王のもとでそれが許可されていた城でのみ要求するとした。さらに、これらの規定の一つでも犯した者は金一〇〇ポンドの贖罪金を支払い、その額の半分は皇帝が得、他の半分は損害を受けた者が得ることが規定された(51)。

コンラートの一〇三七年の布告は、我々のテーマにとりきわめて重要である。それは帝国の歴史において疑いなく、物権と個人の要素の間の内的関連を前提とした、最初の規範的文書であった。恩貸地の問題と主従間の結びつきの問題が、コンラートの布告では、明確に相互に関わっている。この短いテクストの解釈はもちろん簡単ではない。この布告は、封建制を包括的に規定することは試みていないが、彼が布告の対象とした者たちには恩貸地をめぐるそのような慣習の知識が前提とされていた。古い研究は、この文書がそれまでの数世紀にわたる封の慣習を集約的に反映するものと仮定してきた。だがそれに対し、ハーゲン・ケラー(52)やゲルハルト・ディルヒャー(53)は、コンラートの布告が口承で伝承されていた当時の慣習の定式化であることを強調した。つまり、この布告が北イタリアで封の慣習が古くからあったことを示すのではなく、コンラートが当時の在地の慣習に則って一つの紛争に介入して出した布告だとする。

皇帝コンラート二世による「大陪臣」の保護

ハーゲン・ケラーは、この布告が出された文脈を以下のように詳しく分析している。北イタリアでは、カロリング家の支配が終焉した後、一〇世紀以降に新しい支配体制が構築された。すなわち、地域のエリートに属する人々――コンラートの布告で大陪臣と呼ばれる人々――が、城を拠点に自身の小領地を支配するようになった。彼らは、司教座都市を拠点に周辺地域に介入する司教や、伯あるいは辺境伯として支配圏を拡大しようとする俗人有力貴族たちと争った。大陪臣すべてにとり、自身の影響力の及ぶ領域で、領土を集積することが決定的に重要な問題となった。一方、司教、伯、辺境伯は、それまで更新してきたプレカリア契約による土地貸与の契約や他の形での土地貸与の契約を解消したり、恩貸地の相続を禁じたりすることにより、自身が貸与している土地を、自分たちに忠誠を誓う人々に授与しようとした。大陪臣は、こうした司教、伯、辺境伯の動きに抵抗し、一〇三五年に彼らの支配領域を確固としたものにしようとした。そのために彼らは、プレカリア契約などの契約による彼らの保有地への権利を守り、またさらに恩貸地の世襲も求め、主君による没収に対抗し、保有地への支配を堅固なものにしようとした。

コンラートはこの紛争に一〇三七年五月末に介入し、大陪臣に対し、恩貸地をめぐる争いの調停手続きを規定し、彼らの安全を保証した。つまり、大陪臣は同輩身分による判決に不服の場合、皇帝からの決定を求めることが可能になった。そして彼らは、皇帝の判決が出るまでは自身の恩貸地を保持し得た。同時にコンラートは、直系男子への代々の恩貸地の世襲を保証した。とくにコンラートは、貸与の契約が有効である場合、家臣の意志に反してその契約を破棄したり、家臣からその財産を奪うことを禁じた。またコンラートは、地域的な支配の核となる、新たに作られた城については、皇帝への奉仕を要求しないことを明確に規定したが、この城に関する規定からは、大陪臣を擁護しようとするコンラートの姿勢が見て取れる。

総じて、この布告からは次のことがわかる。コンラート二世は一〇三〇年代の紛争において、大陪臣の側に立ち一方的に介入し、彼らはそれにより、新しい支配権の構築を進め、司教、辺境伯、伯との争いで優位に立った、と。

「封」と「家臣制」の結合

だがコンラートは、彼の行為がさらなる帰結を生むことまでは予期しなかった。彼の布告は、具体的な歴史的状況での特殊な紛争から生まれたものだが、それは封と家臣制の歴史にとって、長い視点から見れば大きな影響を与えることになった。この布告は、様々な種類の土地貸与が存続する中で、我々の封建制のモデルに対応するような土地貸与の形態を明確に規定し、他の土地貸与から、カテゴリー的に区別することに大きく貢献したのである。

実際、北イタリアでは一〇、一一世紀に、多くの異なる土地貸与契約の形態があった。史料では、たんに恩貸地だけが言及されるわけではなく、プレカリアとか、「リベルス（libellus）」[54]とか、また「エンピテウシス（emphyteusis）」[55]とかの土地貸与の術語も言及される。これらの言葉による契約はすべて、貸与された者に期限付きで土地の利用権を認める土地貸与の契約である。それぞれの土地貸与の相違は、それぞれの正確な貸与条件を見て初めて理解できる。すなわち、地代を支払うことになっているのか、被貸与者はどの程度、貸与者からの土地の没収から守られたのか、所有者が貸与地を再び回収するために、どのような手段があったのか、といった条件でそれぞれ相違があった。ローマ法では、プレカリア契約とエンピテウシス契約はそれぞれ細かい条件で明確に異なるものだが、一〇、一一世紀の北イタリアでは、この二つの土地貸与の形態はしばしば同じものとみなされていた。こうした、当時の土地貸与の諸形態とその流動性については、チンチオ・ヴィオランテ(56)やアムレート・スピキアーニ(57)らが解明している。

しかし、このような土地貸与の諸形態はまた、封への移行も意味するものであった。この時代には、ずっと古くから存在するリベルス契約を利用する者もいたが、その契約では、土地貸与に軍事的義務と裁判への関与とが義務として伴っていた。しかしこの契約では、物権的な側面、つまり、土地の移譲のみが書面で定められ（それらの文書は今日まで伝承されている）、人的な結合はしばしば口頭での約束に基づいていた。したがって、一〇、一一世紀北イタリアの多くのリベルス契約は、家臣制としての封建制のモデルに近い人的結合と相互義務を伴うものであったと推定される。契約を結んだ当事者たちは、古いリベルス契約を使いながら、我々が封と呼ぶ、新しい所有の形態を文書に書いていたのである。

コンラートの布告は、彼が意図しなかったにせよ、こうした移行期の北イタリアにおいて、様々な土地貸与の形態に関する明確なカテゴリー化と内容的な差異化を目指すものだった。それはとくに「大陪臣」と「小陪臣」が保持する貸与地について、それらがいかにして没収されうるか、また相続されうるかを規定している。この没収と相続という二つの点で、家臣制と結合した恩貸地がその後、他の土地貸与の形式から区別される条件になる。この布告はこの二つの点に関して、文書という永続性のある形で規定したのである。

ただし、コンラートの布告のみでは、封建制への発展はなかったかもしれないが、北イタリアではもう一つの展開があった。それは一一〇〇年頃から数十年経った頃、ローマ法に集中的に取り組む、新しいタイプの専門家が出現したことである。このような学識者が、北イタリアの法規範として忘れられていなかったローマ法の体系を再発見した。そして彼らは、ローマ法を根本的に研究し始めた。初期の法学者と呼びうる、新しいタイプの法の専門家がまもなく自分たちの法律学校を創設し、どのような教育をしたのかはわからないが、そこで専門家の養成を行った。

このような法学者から法学的な分類を習得し、法の概念を明確に把握することを学んだ新しい専門家の中から、土地貸与の多様な形態を類型化し、分類する専門家が出現する。その際、彼らの議論の出発点となったのが一〇三七年のコンラートの布告であった。スーザン・レナルズらの歴史家は、このときの法学的な類型化を、ヨーロッパにおける封建制成立の一つの本質的な画期とみなした。そして、こうした北イタリアの法に通じた専門家による成果が、いわゆる『封の書（Libri feudorum）』(58)であった。次に我々は、これに向かわねばならない。

『封の書』の成立

『封の書』というタイトルは、同時代人が付けたものではない。実際、それは一つのまとまった著作ではなく、貸与地、主君、戦士と彼らの権利と義務について書かれた、いくつかの小論の集成である。その集成は、一部は欠落しながら、一二、一三世紀のいくつかの写本で伝承され、後の写本で改訂され補われ、さらに増補された。この集成は、初期の形態では、おそらく最初にパヴィアで書かれた五つの古い論考からなっていた。この五つの古い論考は、一〇三七年コンラート二世の『恩貸地についての布告』の言葉遣いや内容を引用している。だがそれらでは、ロタール三世が一一三六年に出した布告は、まだ引用されていない。そのことから、この集成の最も初期の部分が、一一世紀末から一一三六年の間に書かれたことがわかる。さらにもう一つわかることは、第三の論考が、ウゴ・デ・ガンボラトという一一二〇年頃パヴィアの「裁判官（iudex）」により書かれていることである。

これらのパヴィアで書かれた古い論考については、一二世紀の中頃に、ある編纂者が順番を付した。さらに彼は、ミラノに由来するもう一つの、より新しい文書を付け加えた。その新たに付加された文書は、ロタール三世の布告も引用しているので一一三六年以後に書かれたと思われる。しかしその編纂者は、個々の論考を言葉遣いまでも統一した文書にしようとはしなかった。誰がこの古い論考をまとめたのかについてはまったくわからないが、この編纂者がどのような環境にいたかは推定することができる。おそらく彼は、皇帝の宮廷の構成員ではなく、また現実の法規定の作成に関わった人物でもない。この編纂者がまとめた論考は、コンラート二世の布告とは異なる性格のものだからだ。この論考は、いわば初期の法学から派生したものである。そこでの個々の定式も構成の仕方も、法学者により法学者のために作られたものにみえる。

「封」の定義

これらの古い論考ではコンラート二世の布告とは違い、体系化と完成への努力を見て取ることができる。そのよい例となるのが、とくに五つの論考のうち最初のもの、つまり最古のものである。それは二つの部分からなっている。第一部はいかに「封」――ここではもはや「恩貸地（beneficia）」とは呼ばれず「封（feudum）」と呼ばれている――が獲得され、保持され、世代を超えて継承することができるかを扱う。第二部は、いかに封が再び没収できるかを体系的に扱う。この論考は、一つの具体的な歴史的紛争に応じて書かれたものではなく、法的なカテゴリーを論じるものである。

すでに文書の最初にそのことが記されている。「我々は封について扱おうと思うので、まず、どのような人々が封を与えられるのか考察しなければならない。古くからの慣習により、封を与えることができるのは、大司教、司教、修道院長、女子修道院長、聖堂参事会長である。さらに辺境伯と伯、つまり「王の頭領（capitanei regis）」と呼ばれる者も授与できる。さらに、これらの者から封を受け取る人々、つまり「王の従者」と呼ばれる者もまた――今日では「頭領（capitanei）」と呼ばれる――、彼らもまた封を授与できる。そして彼らから封を受け取る者が「小陪臣（minores valvassores）」と呼ばれる」。

ここで言及される、封を授与できる者の二つのカテゴリーは、コンラート二世の布告でも見出される。ただ、コンラート二世の布告の場合、布告の受け取り手が誰であるのかは、了解されていた。それに対し、この論考を書いた学識者にとっては、一般的な体系化、カテゴリー化、概念的正確さが重要であった。すなわち、次のようにいわれる。我々は封について語りたいので、まず以下のことを問わねばならない。だれが封を授与しうるのか。それには三つのカテゴリーがある。それらは、(1)「王の頭領」であり、それには聖職者（大司教、司教、修道院長、女子修道院長、参事会長）と俗人（辺境伯、伯）が属する。次に、(2) 王の陪臣（今日では「頭領」と記される）であり、彼らは (1) で挙げられた者から封を保持する。また彼ら自身も封を授与しうる。最後に、(3) 小陪臣であり、彼らは封を受け取るのみで授与はできない(59)。

「封」の相続

このように、この論考を書いた一一〇〇年頃の法学者は、特別な状況下で作られたコンラート二世の布告を、封の授与者と受け取り手のカテゴリーを定義するために利用している。さらに、この第二章は次のように始まる。「今、関係する人々のことを考察したので、次には、どのようにして封が始まったのかを考察しよう」。そして、この論考では、本格的な封建制の歴史が提示される。「最古の時代には、「封」は主君の権力に結合されており、主君が望めばいつでもそれを再び没収することができた。しかし後には「封」は、従者の生存中は継続的に保持できるものになった。息子の継承権はなかったが、主君が息子への封の継承を承認するかぎりで、息子にも継承された。その原則は今日、すべての者に等しく確認されている」(60)。

さらにこの文書では「コンラート二世はローマへの行軍の途上で、彼の家臣からその息子たちの相続権を孫にまで拡大するように要請されたので、コンラートは、家臣の息子や兄弟による封への相続権を規定した」とある(61)。この文書を書いた学識ある法学者は、コンラートの布告を封建法の歴史的発展の史料として評価している。彼によれば、コンラートが初めて、封取得者の相続権を息子に限定せず、孫や兄弟にまで拡大した。

さらに、この文書を書いた法の専門家は、コンラートの布告を越えた議論を行っている。たとえばこの著者は、二人の兄弟が新しい封を共同で受け取るとき、あらかじめ合意していれば、一方が兄弟の取り分を相続できることを確認する。また、この著者は、娘が相続できないことを強調し、それについて、「なぜなら彼女らはフェーデを行うことも、戦いに参加することもできないから」と現実的な説明を行う(62)。ただこの著者は、個別のケースごとに判断されれば、娘の息子たちなら相続できるという理解を示している。

「封の法」による裁判

こうした体系化・カテゴリー化は、封建制の形成のために重要な帰結をもたらした。とくに重要なのは、以下のような四章初めの規定である。王の頭領や王の陪臣、その他の者に貸与される恩貸地については、排他的に「封の法（ius feudi）」――すなわち封に関係する法規範――により裁判される。それに対し、王の家臣が他の者に授与するものは封の法では裁かれず、彼らが欲するときにはいつでも、彼らはそれを再び正当に没収することができる。ただ、恩貸地の受け取り手がローマへの行軍に参加していれば、彼らの恩貸地は封の法の管轄下に置かれるであろう(63)。

ここで、カロリング期には結局、発見できなかったものを見出すことができる。つまり、「騎士的な封（feudum）」と「農民的な恩貸地（beneficium）」との明確な区別である。これによれば、封の法は、特別な仕方で貸与地の受け取り手を守り、彼に男系による貸与地の相続を保証した。この法は、王の頭領と王の陪臣が行った貸与においてのみ有効であり、その相続を保証した。他の貸与についてはこの法は有効ではなかった。簡単にいえば、封建制のモデルにおいて「封」と呼ばれている貸与と、他の種類の貸与とのカテゴリー的な区別がなされたのである。

「封」の没収

このような体系化とカテゴリー化への努力がこの論考の全体的特徴である。たとえば、その第二章では、論考の構造をアカデミックな形で明確にすることから始める。その初めに次のようにいわれる。「上述の部分では、いかなる仕方で一つの封が獲得され、保持されるかを述べたので、我々は次に、いかにそれが没収されるかについて考察したい」と。ここでは、人が封を失うに至る全行為が挙げられる。以下がその例である。

・自身の主君が亡くなっておらず、また、死に至るほどには傷を負っていないにもかかわらず、自分の主君を戦いで見捨てる場合。
・自身の主君の妻と関係を結ぶか、あるいは主君の娘か息子の娘と寝たりすることにより、主君を侮辱する場合（あるいはそれを試みる場合）。
・主君か主君の妻がそこにいることを知っているにもかかわらず、主君や主君の城を攻撃する場合。
・主君の兄弟あるいは甥――つまり兄弟の息子――を殺害する場合。
・自身の封の半分以上を質入れする場合(64)。

この種の事例のリストはさらに長い。またこの章では、実際の具体的な個別例から規定がなされているわけではない。目的はむしろ、可能なかぎり包括的に、封の喪失を引き起こす、すべての理由をまとめることである。また、この著者は唖者が封を要求できるかどうか考え、それはもちろん原則的に不可能だと説明する（理由はおそらく、唖者は主君への助言で声を上げることができず、助言の義務を行うことができないからと思われる）。しかし唖者は、大きな封の場合にかぎり、そこから自分を扶養できる分を保持することができる、とされる(65)。

いわゆる『封の書』の内容、構成、議論の仕方の基本的特徴はこの説明で十分だろう。そこから以下のことがわかる。つまり、この文書では、学識ある法学者がそれまで繰り返し紛争の原因となった様々な問題を、可能なかぎり明確に概念的に把握し、一定の規範的な原則に還元しようとしていることである。ここで土地貸与と家臣的結合の関連について構想された像は、封建制の歴史学的なモデルに非常に似ている（だが、そこではこのモデルの重要な要素が欠けていることも指摘しておきたい。つまり、この初期の論考には臣従礼、すなわち「ホミニウム（hominium）」と「ホマギウム（homagium）」については言及されていない）。

いずれにせよ、古い研究は、実態としての封建制の誕生と封建法の成立とを区別し、カロリング時代以降、封を家臣に授与する確固とした実践があり、そこから徐々に固有の法が発展したと考えた。この見方によれば、『封の書』が初めて、封建制の学問的なモデル形成の根拠となる法的な紛争の事例を体系的に把握し、規範化しようと試みたとされる。

スーザン・レナルズの封建制成立のテーゼ

スーザン・レナルズは、これに関してもっと過激な意見を述べた。彼女は、北イタリアの法学者が初めて「家臣」や「封」のカテゴリーを生み出し、相互の法的関係についての定義を行ったとする。レナルズによれば、実際のところ、所有の形態とそこから帰結する社会的結合は、なお一二世紀に至るまでは、『封の書』が主張するほどには体系化されていない。これまで歴史家たちは、この法学者の論考の内容が、すでに現実に存在していたものの反映であるとみなしてきた、と批判する。

実際、『封の書』は一一〇〇年頃以降に書かれ、時代とともに様々な修正を伴いながらヨーロッパで広まることになったが、この書は地域的慣習の定式化でも現状の叙述でもなく、あくまでも規範として書かれたものであった。著作者たちは、すでに行われていた実践を描いたわけではなく、概念を抽象化し、カテゴリー化することで一貫した法的体系を作った。法学者たちはここで初めて、何が封なのか定義し、封を法的に土地貸与の他の形態から区別し、封の授与者と取得者の種類、および権利と義務もカテゴリー化したのであった。

レナルズによれば、封建制は八世紀初頭のフランク王国の野蛮な戦士社会において成立したものではない。それは一二世紀の北イタリアで、その初期形態が成立したものである。封建制は「法学の専門家による歪曲」の産物であり、人間の共同生活の多様性を、少ない法的なカテゴリーに圧縮しようとする法学者が努力して生み出したものである。レナルズの後、中世史学者たちは、この見方を受け入れ、封建制は盛期中世の北イタリアの法学者の創造物とみなすようになった。

しかし、レナルズ自身は、もっと過激な意見も表明している。彼女は、中世の封建制のモデルは『封の書』に基づいて成立したのではない、と主張する。彼女によれば、一九、二〇世紀の歴史家が『封の書』を手掛かりに、封建制の存在をカロリング朝にまで遡及できると考えるに至ったと仮定するのには無理がある。なぜなら、『封の書』は一九世紀の中世研究において、十分に取り上げられていなかったからだ。

近世の封建法学者の役割

レナルズは、一一世紀から一二世紀の時代の『封の書』と近代的な学問の間をつなぐ段階を想定する。それは、一六、一七世紀の封建法を専門とした法律家である封建法学者（Feudist）の段階である。一六、一七世紀の時代、封は政治的、学問的、軍事的な秩序のなかに明確に組み込まれていた。当時、自身の所有権について可能なかぎり古い起源を証明することは、既存の所有権を正当化する力を持っていた。つまり、中世の封の問題に取り組むことから、所有権に関する判決のために重要な証拠を引き出すことができたのである。ゆえに、レナルズによれば、近世の法学者が一二世紀イタリアの先駆者たちのテクストを読み、それに基づいて、彼らの中世封建制のイメージを構築したとされる。一九世紀の歴史学は、近世の封建法学者により構築された中世封建制のイメージを、その多様な研究において利用した。すなわち、封建制のモデルは『封の書』の近世における解釈の産物であり、そのモデルは、事実としては誤りに満ちたものとされる。

レナルズのテーゼは一九九〇年代半ば以降、世界中の歴史家により議論された。彼女のテーゼにより『封の書』が、以前の研究においてよりも、大きな注目を浴びるようになった（ただし、その様々な異本や、ヨーロッパでの写本の普及と受容についての包括的な研究はまだない）。しかし、レナルズのテーゼは激しい批判にもさらされた。とくに彼女の学説に対しては、彼女が「法学の専門家の歪曲」を強調し過ぎているのではないか、また、彼女は法学者とそのテスクトの歴史的影響力を過大評価したのではないか、という批判がなされた。

この問題は、フランドル伯領について考察すれば、さらに明確になる。そこでは一一世紀になお、北イタリアと比較できるような法学者もいなかったし、法学校もなかったが、そこでは、封建制と家臣制の密接な結合がフランドル伯の支配の核心を構成していた。とくにその地では、法学に通じた『封の書』の著者が触れていない、臣従礼という重要な制度があった。

二　フランドル

フランドルでの「封」と「家臣制」の結合

スーザン・レナルズの研究は、概ね今日のヨーロッパの大きな国民国家に対応する領域ごとに章を分け、その考察を行っている。つまり、フランク王国、イタリア、イングランド、ドイツの領域に分け、封と家臣制について考察されている。確かに、そのような構成により、封建制研究における各国の伝統がはっきりとに理解できる利点もあるが、一方で、それは危険性も孕んでいる。というのは、所有と社会の人的結合のあり方は、もっと小さな地域ごとに、異なった形で現れるからである。そうした地域の多くは、今日のヨーロッパの国家の境界をまたいで存在する。レナルズによる「国民」的視点での封建制研究が見落とした地域がフランドル伯領である。フランドルは、今日の北東フランスとベルギーの一部を包括しており、いわば神聖ローマ帝国とフランスの間にある。レナルズの研究の枠組みではフランドルは固有の章を持たず、それはドイツとフランスの間に埋没している。

しかし現実には、フランドルでは、ディルク・エアボ(66)が証明したように、すでに早い時期に、すなわち一一世紀初頭以来、封と家臣制との内的な関連がみられる。そして、この封建制がフランドル伯領ではまもなく、政治、戦争、支配のあり方に影響を与えた。ゆえに、ヨーロッパでの封建制成立の過程は、その一、二世代後に生じる北イタリアの法学者による封建制理念の体系化だけでは説明できない。極端な言い方をすれば、フランドルでは遅くとも一一世紀終わり以降の時期に、フランソワ＝ルイ・ガンスホフがその古典的著作で描いたような封建制が現実に存在したからである。

そのことはまた偶然の産物ではない。ベルギー人のガンスホフはその故郷で、封と家臣制の史料の分析に集中的に取り組み、一九四四年には、後に非常に多く引用されることになる著作の初版を刊行した。ガンスホフが提示した一一世紀から一三世紀の「古典的封建制」の像は、ゆえに、彼がフランドルの歴史と史料の分析から得た洞察に基づいている。また、彼の同郷人であるディルク・エアボは、最近出した多くの論文で、フランドルではすでに早くから、固有の封建制が存在したことを示唆している。彼の説は、最近では大きな批判を浴びているガンスホフの説を、逆に擁護するものとなっている。

史料としてのガルベールの年代記

一一、一二世紀のフランドルの封建制に関しては、当然、法学者が書いた規範的文書は伝承されていない。そのような法的文書は、フランドルでは一三世紀後半になって初めて見出される。それと同時期に、フランドルの修道院や伯が授与した封を記載する最古の授封の文書と目録も出現する。もちろん一一世紀終わりから証書や他の文書で、ますます頻繁に「封」という言葉は出現するが、この時期のフランドルの封建制に関する最も有名な証言は、一一二七年か二八年に書かれたガルベール・ド・ブリュージュの報告である。ガルベールはおそらくブリュージュ生まれの聖職者で、ブリュージュの聖ドナシアン参事会教会で伯の公証人として奉仕していた。この職は、聖堂参事会員や聖堂参事会長——伯の統治において重要な役割を果たした役職——のキャリアを得るための道の一つであった。おそらくガルベールは、すでに一一一三年に何らかの要職にあったので、フランドル伯ボードワン七世の裁判文書の一つに、証人として名前が挙がっている。彼の生まれた時期は、遅くとも一一世紀末であろうと思われる。つまりガルベールは、北イタリアで新しいタイプの法学者が、封の法についてその論考を書き、議論し始めていた時代に生きていた。

ただ、ガルベールはもちろん法の論考を書かなかった。彼が書いたのは同時代史である。そこで彼は一つの劇的な事件を語った。それは一一二七年三月二日に、フランドル伯シャルル善伯がブリュージュの聖ドナシアン参事会教会で、祈りの最中に殺害された事件である。ガルベールは数日後の三月九日から同年の五月末まで日記のような記述を残し、それが後に、彼の年代記の核となった。彼は、自分のテクストを何度か書き直し、修正し補い、年代記にしたのである(67)。

ブリュージュ市民のフランドル伯への臣従礼

ガルベールの叙述から、以下のことがわかる。シャルルの殺害後、ウィリアム征服王の孫のウィリアム・クリトがフランス王のルイ六世によりフランドル伯として任命された。フランドルの貴族は三月末に、ウィリアムをアラスで伯として承認した。フランス王と伯は、ブリュージュで四月五日に出会った。そこで両者は、教会の権利を守ることを自身の義務と宣言し、二日後の一一二七年の四月七日、ブリュージュの市民は伯に対して臣従礼を行った。この出来事はいろいろと解釈されてきたが、今日なお、いくつかの教科書では、封建制の例として引き合いに出されるものである。ガルベールは、その出来事を次のように述べている。

彼ら［ブリュージュの市民］は彼［新しい伯ウィリアム・クリト］に、以下の仕方で臣従礼を行った。伯がまず、臣従礼をなす者に、完全に彼の家臣になることを欲するかどうかを聞いた。その者は答えた。「私は欲する」と。その後、伯はその者の組み合わされた両手を自身の手で包んだ。そして互いに接吻をして同盟者となった。次に臣従礼をした者が、伯の代弁者（prolocutor）(68)に対し、以下の言葉で誠実の約束をした。「私は心からの誠実さで、今から伯ウィリアムに忠実であり続け、またよき誠実さをもって、策略なく、あらゆることで彼への臣従を守ることを約束する。」その次に彼は、聖人の聖遺物にかけて誓約を行った。続いて伯が、このように臣従礼の誓約を行った者すべてに対し叙任を行った(69)。

一瞥しただけで、教科書のような授封の様子が描かれているかにみえる。授封の儀礼のすべての構成

図(2)　『バイユーのタピストリー』に描かれたノルマンディー公ウィリアムに臣従礼を行うハロルド　11世紀，Bayeux Tapestry Museum所蔵

要素——臣従、手交、接吻、誠実の約束、誓約、叙任——が言及されている。これらすべてを、ブリュージュ出身の伯の公証人ガルベールが目撃証人として述べているのだ。彼はこの出来事の後、筆を取り、生じた出来事を記録した。この報告は生き生きとしており、多くの著作で引用されている。しかしその解釈は容易ではない。スーザン・レナルズは異論を唱え、ここでガルベールが描くのは、家臣への受け入れの儀礼と授封ではなく、伯が臣下から新支配者として認められたこと、つまり、伯からの封をもたないブリュージュ市民によって、伯が支配者として認められたことだとする。

臣従礼と授封行為の相違

ガルベールがその記述で、臣従礼、「忠実(securitas)」、「誠実(fides)」について語る箇所は、封建制とは無関係なフランドル人による新支配者の承認を述べているだけだ、というレナルズの指摘は確かにその通りである。臣従礼、忠実の誓約、誠実の約束への言及からだけで、封建関係を帰結するのは性急であろう。しかしそれ以上に、フィリップ・デプルー(70)が指摘することが正しい。つまりガルベールは彼の記述で、フランドル伯領のいくつかの場所でなされた一般的な臣下としての忠誠と、ブリュージュで四月七日に生じた出来事の間を区別していることである。四月七日の出来事の記述では、ガルベールはあるところで、明確に「授封された者（feodati）」について語り、それらの人々は「等しく、その封と官職、また彼らが保持していたものを合法的に保持した」と述べている。ガルベールはまた、儀礼の叙述で、ブリュージュでの儀礼をその前の臣従礼とは違うものとして描いている。というのは、ガルベールが記述する臣従礼、誠実の約束、誓約のうち、この箇所でのみ杖による叙任も加わるからである。ガルベールが描く、臣下としての忠誠の記述と授封の行為の記述は、似ているが同じではない。ゆえに一一二七年四月七日の有名な出来事は、レナルズのように、フランドル人の新しい伯への臣下の忠誠として解釈することはできないだろう。

総じて、フランドルでは遅くとも一一世紀以来、一方での封と、他方での軍事的助力や裁判での協力が事実上、封建制へと融合していった。これらの結合は、公証人ガルベールのような、フランドルで法の専門家とみなされる人々の観念世界では理解されていた。しかしこのフランドルの封建制は、書かれた形では規範化されなかった。それは何より、関係者の頭の中に存在した。ゆえに数十年の間は流動的で、確固とした制度にはならなかったのである。

ディルク・エアボ(71)とトマス・ビッソン(72)は適切にも、一一、一二世紀のフランドルは封建制に基づく国家でなかったことを指摘している。彼らによれば、フランドル伯の支配は、決して封の結合にだけ基づいていたわけでなく、それはガルベールが一一二七年に記述したように、フランドル人が伯の臣下として行った忠誠にも基づいていた。封と家臣制の相互関係も社会において重要であったが、それは様々な社会組織の形態の一つにすぎない。

三　南フランスとカタロニア

ブリュージュとバルセロナとの間には、一三〇〇キロ以上の距離があるが、この二つの地域は、研究の歴史においても相容れない世界である。ピレネーを挟むカタロニアと南フランスの封建制に関心を持てば、その地域についてフランス人とアメリカ人が行った研究上の論争を知ることになろう。彼らの論争は一見すると、フランソワ＝ルイ・ガンスホフが彼の教科書的な著作で描いた封建制のモデルとも、封と家臣制に関する現在のドイツの研究とも、まったくかけ離れているようにみえる。しかし、カタロニアと南フランスについての考察は、我々の議論にとり不可欠なものである。実際、この地域では遅くとも一一世紀の文書の中で、封と家臣制の統合を見て取ることができるからだ。したがって、この地域についての専門研究に分け入り、封建制理解のためのいくつかの道筋を作らねばならない。

ジョルジュ・デュビィの封建制成立の見取り図

ところで、フランス人の中世史学者は第二次大戦後、ガンスホフの封と家臣制の法制史研究よりも、マルク・ブロックの『封建社会』に熱狂した。マルク・ブロックはその一九三九年に出版した著作で、封建制をすでに九世紀終わりには確立したものとみなしたが、二つの封建時代を区別した。第一は一一世紀半ばまでの時代であり、第二は一〇五〇年から一二世紀の時代である。

より若い世代の歴史家ジョルジュ・デュビィ(73)は、一九五三年に出版した彼のマコネ地方に関する著作で、この枠組みに修正を加え、ブロックとは異なるモデルを提示した。デュビィによれば、ブルゴーニュのマコネ地方ではカロリング的な秩序が一〇世紀終わりまで続いていた。その後、九八〇年頃から一〇三〇年頃までは暴力と社会不安の時代であった。この二世代のうちにマコネの社会は大きく変化する。それは、公的な権力の終焉により生じた変化であった。すなわち、カロリング期からの伯領が解体し、騎士たちによる新しい小規模の城塞支配が成立する。それにより農村では、新しい裁判の形態、農場経営の方法、人々の従属のあり方が生まれた。この新しく構造化された社会をつなぎ、安定させた漆喰が、家臣制と封の結合であった。

ジョルジュ・デュビィは、この研究により、三つの局面のモデルをフランスの研究に導入した。すなわち、(1)カロリング的な秩序、(2)劇的な社会転換の短い局面、(3)封建社会のポスト・カロリング的な秩序、である。そしてデュビィは、紀元一〇〇〇年になる頃を決定的な転換期とした。この三つの局面のモデルと彼の年代設定が、一九九〇年代の初頭まで、封と家臣制に関心を持つフランスの中世史学者のパラダイムを形成した。それが、ガンスホフの見方と相違することは明確である。ガンスホフは九世紀のカロリング朝の社会を、すでに本質的に封と家臣制により構築された社会とみなした。それに対し、フランス中世史学の一九六〇年代から一九八〇年代の中心的潮流は、封建制の始まりを一一世紀にみる。そして、この封建時代と、それ以前のカロリング朝フランク王国の社会——そこでは政治的には公的な官職制と中央権力による権力の委任が機能し、経済的には公領と私領があった——とを、対照的な時代として区別した。

一九六〇年代終わり以降、南フランスとカタロニアが、フランスの（またアメリカでの）封建社会研究の議論で重要な役割を果たしたが、それは偶然ではなく、それぞれの地域の豊富な史料状況に負っている。デュビィのマコネ地方に関する研究は、証書史料に基づいていたが、それ以来、証書史料はフランスにおける封建制研究の中心史料になり、このことがフランスの研究を、北イタリアとフランドルの研究とは違うものにした。

カタロニアでの「封」と「家臣制」の結合

南フランスとカタロニアでも、フランスと同様に、土地所有と奉仕義務の関連について言及する多数の証書が伝承されている。ピエール・ボナシ(74)は、一九七六年に一〇、一一世紀のカタロニア社会についての大きな研究を刊行したが、それによれば、この時代だけでもこの地域では、二万通以上の証書が存在する。それらは教会関係の文書館に由来するものだけでなく、バルセロナ伯のような俗人の文書館にも由来する。一〇二〇年頃以降になると、その中でも、臣従礼と誠実誓約が記載された証書がますます多くなる。カタロニアでは一一世紀中葉のものだけで、百あまりのそのような誓約文書が今日まで伝わっている。これらの誓約文書のような、複雑で緻密な内容で様々な変種のある史料は、この時代のヨーロッパではまれである。ボナシは、いかに早期に、臣従礼の言葉がバルセロナで証明されるかを誇らしげに述べている。実際、臣従礼の言葉はすでに、一〇一七年と一〇二六年の間の時期に、バルセロナ伯ベレンガール・ライモンド一世とウルゲル伯エルメンゴル二世との間で結ばれた契約でみられる。

カタロニアにおける封と家臣制の結合の、おそらく最も重要な史料は、いわゆる「協定（convenientia）」である。この契約書では、主君と家臣の相互の権利と義務が定められたので、この文書は二通、発行され、双方が受け取った。内容は、主君が家臣に何かを約束するか与えるかして、その代わりに家臣が主君に対し臣従礼を行い、家臣が主君に対し、それにふさわしく振る舞うことを誓約するというものであった。その中にはとくに、家臣が主君の四肢を傷つけないという内容も含まれていた。

これと比較できる一一世紀の史料は、カタロニアだけでなく南フランスの様々な地域にも存在する。それらの史料は封建制の歴史にとり非常に重要なものであり、そこからは、南フランスでもまた、北イタリアの法律家の議論とは異なる形で、土地財産の授与と臣従礼、和平などの誓約が相互に結合していることが見て取れる。北イタリアの『封の書』との違いは、カタロニアや南フランスの史料では、臣従礼が鍵を握っていることである。パヴィアやミラノの法律家の初期の論考では、土地財産の授与と臣従礼との関連はまったく言及されていない。また重要な点は、ピレネー山脈を挟んだ地域［カタロニアと南フランス］のこうした史料は、明確に、北イタリアの法律家による初期の論考よりも前に書かれていることである。

ラングドックでの「封」と「家臣制」の結合

たとえば、ラングドックでは一一世紀以降、封と家臣制の結合についての情報を与えてくれる、いくつかの異なる類型の史料がある。まず、数が多い史料としては、城に関わる誓約の確認、和平の誓約、授封、封としての受託――すなわち、自身の土地を一人の主君に移譲し、その主君から封として再び受け戻す行為――に関するものである。こうした類型化はもちろん、近代的な観点からのもので、封建制のモデルに従ったものである。詳しくみれば、様々な類型の境界は実際には相互に流動的であり、それはたとえば、紛争解決の協定に関する史料群において、その類型の境界が流動的であるのと同じである。

とくに、俗人の文書館から数多く見出されるのが、城に関する誓約の文書である。それらでは、ラテン語とオック語が交じり合って書かれている。それらの文書では、家臣がその主君に、主君が望むかぎりで、家臣が主君に城を開け、主君が城を取り戻すことを保証している。もちろんそれは、無条件に遅滞なく、昼であろうが夜であろうが、戦争であろうが平和であろうがなされねばならない。さらに付加されるのが、主君のための軍事奉仕の約束、助言の義務である。またしばしば、主君が家臣に打ち明けた秘密について、家臣は口外しないという興味深い条項も伴う。

このように書面で定式化されたラングドックの誓約文書は、カロリング期の古い誓約から派生したものだが、そこには新しい要素も見出される。つまり、それらの文書では、主君による城の自由処分権が言及され、家臣と主君との間の階層秩序的な関係が反映されている点である。エレーヌ・デバ(75)が明らかにしたように、一一世紀以降、そうした文書の発行には決まって一つの儀礼、つまり、ある者がその主君の家臣になる手交の儀礼が結びついている。

これらすべてが、まだ完全ではないが封建制のモデルを想起させるが、史料で「フェウム（feum）」あるいは「フェヴム（fevum）」と名付けられるものと、「自由地（allodium）」といわれるものの間の境界は明確に線引きされない。ゆえに、フェウム／フェヴムを「封」として、自由地をそれに対し「私有財産」として翻訳するのは、それらの境界が流動的である以上、あまりに単純すぎる。

またラングドックで授封文書は、つねに「ドナティオ・アド・フェヴム（donatio ad fevum）」として発行される。文字通りに訳せば「貸与地の贈与」となるが、これでは、「貸与」と「贈与」という明らかに矛盾する意味が含まれてしまう。ラングドック地方はとくに史料状況がよいので、同じ家臣が同じ主君から同一の所領を授封される文書がいくつも存在する場合があるが、授封文書が一つだけある場合は、その文書によって、両者の紛争が解決し、主君と家臣との以前の状態を回復したことを示すことが多い。さらに、主君が彼の家臣の土地を最初、購入し、続いて彼にその土地を授封する、という行為が見て取れる文書もあるが、このやり方がどのくらい広まっていたのかを史料に基づいて正確に語ることはできない。

カタロニアで一一世紀には、主君と協定を結び、忠誠、軍事的な援助、助言を与える約束をした騎士たちに対し、主君は土地を貸与するのではなく、毎年、給料を支払うのが通常であった。その際、一人の騎士が何人かの主君に奉仕を約束し、その代わりに、その何人かの主君から物質的な対価を得ることが最初から普通になされていた。ゆえにカタロニアでは、すでに早くから給与を支払われる騎士の身分が確立していたといえる。この場合、主君が、当該の騎士がどの他の主君に対し奉仕をしてよいか、また、どの主君に対する奉仕を解除すべきかを決めることができた。騎士が同時に何人かの主君に奉仕することで、政治的、軍事的同盟の絆が一層、強化されたのである。

最後に、以下のことを強調しておきたい。古い研究が、「家臣の封」と「農民の封」として区別した封の間の境界は、南フランスの史料では曖昧である。ただし、当事者がどのような人物かを知ることで、ドナティオ・アド・フェヴムをさらに「家臣の封」や「農民の封」のカテゴリーに従って分類することも可能である。

このように、南フランスとカタロニアでは一〇世紀以降、新しい種類の文書が見出される。そこからは、城への裁治権や、騎馬で戦う能力が重要となり、騎士たちが、報酬として土地などの財産と金銭を与えられていた地域社会が見て取れる。すなわち、こうした文書からは、同輩の間の同盟や主君と家臣の階層秩序の関係がつねに誓約により形成され、エリート層の武装した紛争、和解、同盟が普通であった社会の様相を読み取ることができる。そして、こうした紛争ゆえに、両党派の協定を文書として書き記し、文書庫に保管するようになった社会がここで成立していたことを文書から理解できるのである。

「封建的変動」論への批判

もちろん、歴史家がこれらの史料をどう解釈するかについては問いが残る。遅くとも一九七〇年代以降、多くのフランスの中世史学者は、これらの新たに発見された文書が、紀元一〇〇〇年前後の急激で根本的な社会の変容を証明するという解釈に従った。つまり、カロリング的な秩序から封建社会への転換である。だが一九九〇年代の初め以降、このようなパラダイムは批判されるようになった。とくに批判者たちは、三つの重要な論点を提示した。

第一に、新しい言葉、新しい文書が無条件に根本的な社会の変容を証明するわけではないことである。史料の文書で「ヴァッスス（vassus）」ではなく「騎士（miles）」が言及されるとき、それで社会変容を語ることができるのか、同時代人が恩貸地の代わりにフェウムとかフェヴムを用いるとき、それで実際に何が変化したといえるのか、という問題がある。

第二は、これらの史料から「封建的変動」（あるいは「封建革命」）のテーゼにとり不可欠な、明確な時代区分を行うことができるのか、という問題がある。つまり、一、二世代の間に、根本的な社会の変容が実現したことが証明できるのか、ということである。南フランス、カタロニアの史料は豊かであるが、なお多く存在したであろう証書の一部分のみが文書として残っている。失われたものは復元できない。伝承された史料が代表的なものかどうかも誰もいえない。ある年代の前後に、一定の史料類型や一定の言葉が見出されないとしても、それで、それらが存在しなかったと誰がいえようか。今日では失われた証書集の中に、こうした社会変容の反証となる数百の証拠があったかもしれないのである。最初に書き言葉として書かれる以前に、一つの言葉がすでに口承で長く流布していたという例もあるからだ。

第三は、批判者たちは、「封建的変動」のモデルが暗黙の前提としている概念を問題とする。すなわち、このモデルが公的と私的の領域の区別によって成り立っていることだ。このモデルは、カロリング的な国家的・公的秩序と、一一世紀のエリートたちによる権力の私物化を対比させている。最近のカロリング期の研究が解明したことによれば、この対比は不適切なものである。換言すれば、「封建的変動」の擁護者の大きな弱点は、九世紀について何も知らないことだ。そのことはまた、「封建的変動」のパラダイム形成の基盤となった南フランスとカタロニアでは、九世紀の史料、とくに証書史料がきわめて貧弱であることからも説明できる。

しかし、これ以上の問題は、このモデルの基礎となる「公的と私的」の二項対立がおそらく時代錯誤的なことである。この二項対立は二〇世紀のヨーロッパでは自明であっても、一〇、一一世紀のヨーロッパ社会を分析するための助けにはならない。ドイツの中世史学者たちは数十年前から、これについての疑念を抱いていた。ウィーンの歴史家オットー・ブルンナーは一九三九年に、ドイツでは有名でよく読まれてきた書物『ラントと支配』(76)で、中世史研究にとり、「私的」と「公的」の区分が不適切であることを明らかにした（この考え方には国家社会主義のイデオロギーとの近さが明確に見て取れるともいわれているが）。そこから、なぜ「封建的変動」に関するフランスやアメリカの研究の議論が、ドイツの中世史家たちには興味を掻き立てなかったのかが理解できる。というのは、彼らが長らく、「公的な城」とか、「公的な権力」とか、「私的な権力」とかについて語ることを避けてきたからである。「封建的変動」についての論争は、最近はフランスでも激しさを失ったが、変動論者の主張はもちろん、その重要性を失ってはいない。その視点と相容れない他の研究も出てきてはいるが、多くのフランスの歴史家が今日でも、一〇、一一世紀には様々な地域で、異なる時期に、一連の変化への「適応」があり、そのような「適応」が全体としてみれば、一二世紀までの長い間に当該の社会を次第に変容させたと仮定している。その点で、マルク・ブロックが行った、フランスにおける二つの封建制の時代区分は、いまなお重要な議論だといえる。

四　帝国のアルプス以北の諸地域

北イタリア、フランドル、南フランス、カタロニアに比べれば、なお発展途上であったドイツの諸地域では、かなり後になって初めて、封建制のモデルに即した土地所有と社会的な絆の関係が発展した。ただ、ドイツでは地域的な差異があり、西部と南部では、北部と東部よりも、より早い時期に封建制の証拠が見出される。もちろん帝国についての歴史研究でも、スーザン・レナルズが批判した古典的な議論が影響を与えてきた。古典学説はシュタウフェン朝期に封建法に基づく帝国改革があったとするが、その見方は多くの概説書で、一二世紀の帝国の事件史との関連で繰り返し述べられてきた。

ヴォルムス協約の解釈――「封」と「家臣制」の結合か？

古い研究は、王の帝国諸侯に対する支配が、一二世紀には封建法に基づいていたと仮定してきた。それによれば、王の統治の方法は、次第に貴族への官職授与に依拠しなくなり、その代わりに、王は彼らに封を授与し、家臣としてつなぎとめるようになったとされる。さらに、司教と帝国修道院長が最初に、封の授与の対象となったとされ、そうした、封の授与の基礎が形成されたのが、一一二二年に、いわゆる叙任権闘争が和解に至った際であると考えられた。一一二二年九月二三日に、約五十年間続いた皇帝、諸侯、教皇の争いの後、ハインリヒ五世と教皇カリクストゥス二世との間で協約が結ばれた。それが、いわゆるヴォルムス協約であり、それにより、国王が将来、司教の選出と任命に際し、どのような権利を持つのかが、帝国の異なる部分ごとに規定されることになった。この協約の意味については、一九七三年に出されたペーター・クラッセンの基礎的な研究(77)以来、歴史学者は次のように考えるようになった。つまり、この協約により、「世俗の諸権利（temporalia）」と「聖職の諸権利（spiritualia）」が明確に分離され、世俗の諸権利は、聖職の位階に属するものとしてではなく、司教、帝国修道院長の封として授与されるべきものとなり、聖職者はその代わりに、国王に対し忠実に奉仕することが求められ、それは、忠誠の誓約と臣従礼により保証された、と。すなわち、一一二二年以降、司教と帝国修道院長は、封と家臣制の絆により、王に対して義務を負うようになった、とみなされたのである。

世俗の諸侯との関係も同じように考えられた。一二世紀の支配者とくに皇帝フリードリヒ一世バルバロッサが、俗人諸侯との関係を封建法的に規定し、それ以降、諸侯領が封として、諸侯と支配者との絆が家臣制として理解されるようになったとされる。この見方によれば、一二〇〇年よりも少し前の時期に、封建法を基礎とした帝国国制が形成され、俗人貴族の最上位のグループが帝国諸侯として他の貴族から区別されるようになった。帝国諸侯は封を他の俗人貴族からではなく、国王か、あるいは聖界諸侯から得るグループとみなされた。そして、これまでの研究は長い間、いくつかの出来事をシュタウフェン朝の国王が行った封建化政策への転換点だと想定してきた。それらは、一一五五年の教皇ハドリアヌス四世とフリードリヒ一世バルバロッサのスートリにおける出会い、一一五六年の『小特許状（Privilegium minus）』の交付、一一五七年のブザンソンの宮廷議会、一一七九年に始まった裁判、一一八〇年四月のいわゆるゲルンハウゼン文書の交付である。

この見方は最近まで、歴史学の概説書や教科書で述べられてきたが、スーザン・レナルズの研究に刺激され、最近では、中世史研究者たちによって、この説明に対する疑問が提起されている。現在、今挙げた一二世紀の帝国史の鍵となる出来事の解釈については批判がなされており、その結果として、アルプス以北の帝国における封建制の歴史像も違った形で理解されている。

ヴォルムス協約の新しい解釈

問題は、ヴォルムス協約の解釈から始まる。協約は皇帝と教皇の二つの文書からなり、その二つとも、封にも家臣制にも言及していないが、片方のカリクストゥス二世の文書では次のようにいわれる。「選出された司教は、国王管轄下の諸権利（regalia）を、あなたの笏により受け取り、彼はあなたに対し、その諸権利を得た対価としての義務を行う」と(78)。

この文書では、このように、選出された司教が王から笏により、「国王管轄下の諸権利」を受け取り、そして、「司教はあなたに対し、その諸権利を得た対価としての義務を行う」べきだとするが、この文章は、これまで封建法的に理解されてきた。つまり、ここでは、司教が「国王管轄下の諸権利」を受け取る代わりに、王に対し臣従礼をなす義務があると暗黙裡に定式化されていると考えられてきた。

だが、この文書で述べられる内容は、帝国国制の封建化のテーゼとはかけ離れたものである。ユルゲン・デンドルファー(79)は最近、この封建化のテーゼを批判し、一二世紀前半の臣従礼が封建法の文脈で明確に理解できるものではなく、それとは無関係になされていたことを明らかにした。すなわち、それは前に触れたように「タシロ三世の臣従の例」、臣下としての忠誠の誓約とか、あるいは紛争の解決に際してなされた行為であった（また、このような封と結びつかない臣従礼は、敗北した党派による和解の臣従礼として中世後期にもみられる）。したがって、司教の義務としての臣従礼が言及されるだけで、封建法的な結合が存在するとはいえない。そのことはたとえば、イングランドでの叙任権闘争が、カンタベリー大司教アンセルムスが王に対して臣従礼を拒否したことから始まり、同様にフランスでも、臣従礼の拒否がその地の叙任権闘争において大きな問題となったことをみればわかる。おそらく同様の事情が帝国についても推定できる。また実際、後の時代の史料からは、司教の臣従礼の問題が、帝国での叙任権闘争の後半の局面で、議論の対象となったことがわかる。したがってヴォルムス協約が、帝国の司教を封建法により支配者に結びつける役割を果たした、という説はまったく証明できず、そのようなことはありえなかった。

封建制は、一二世紀後半のフリードリヒ一世バルバロッサの時代に初めて確かなものとして見出される。帝国のアルプス以北の地域では、彼が一一五二年に即位して以降、封と家臣制の結合を示唆する証拠が目につくようになる。古い研究は、彼がそれまでの数世紀間なされてきた、封と家臣制に関する慣習を継承し、その政策に利用したと仮定してきたが、それよりも、彼が当時の学識法の発展に注目し、封と家臣制を利用したと考える方が封建制の問題も新たな視点から理解できる。バルバロッサと彼の配下の政治的エリートたちは、北イタリアで生まれた、新しい、より体系的な封と家臣制の思想を理解していた。その北イタリアで生まれた新しい理念は、アルプス以北の彼らにとっても政治的に好都合なものであった。

一一五四年のロンカリアでの布告

バルバロッサは、国王選出の二年後、一一五四年一〇月に彼の最初のイタリア遠征を行った。同年一二月初め、彼はロンカリアの宮廷議会で、恩貸地と封についての法を布告した。その布告では、ロタールル三世が一一三六年に同じ場所で公布した布告を模倣し、ロタール三世の布告と同じような言葉でイタリア遠征の理由を述べている。そこでまず、バルバロッサは、イタリアの諸侯について次のような不満を語る。つまり、家臣たちが、彼らが諸侯から得ている恩貸地と封を、彼らの主君の許可なく質入れしたり売却したり、何らかの秘密の約束で「リベルス（libellus）」による契約の名のもとで譲渡している。それにより、彼らは義務である「奉仕（servitia）」を無視し、帝国の名誉を貶め、我々の軍役の首尾よい遂行を妨げている、と(80)。

実際、バルバロッサのイタリアでの軍事行動は、彼がイタリアの諸侯の大軍隊を、その地で自由に動員できたから実現できたわけではない。彼の軍事行動は、彼の家臣たちがその義務を遂行するときにのみ可能であった。大多数の家臣が、彼らの封を奪われ、軍役から離れれば、王の軍事力は大きく損なわれるので、バルバロッサは一一五四年終わりに布告した封建法により、それに対抗した。彼は、ロタール三世が一一三六年に布告した規定を再び述べ、誰も主君の許可なく封を譲渡してはならない、と定めた。バルバロッサの法では、ロタール三世の規定よりも明確に、封の売却あるいは質入れが禁じられた。

バルバロッサは、封の売却と質入れに関するすべての行為を無効とし、この種の契約を書き記す書き手に対して、その者はその手を失うだろうと脅した。また、一四歳以上のすべての「封取得者（infeudatus）」が、一年と一日以内に、封への「授封（investitura）」を彼の主君に願わねばならず、そうしなければ、封は再び主君に戻ると定めた。この規定により、主君の封の管理が強化された。最後にバルバロッサは、軍役の義務を規定し、個人的に従軍しないか代理者も送らないか、あるいは、軍役の代わりに封の年収の半分を支払うかしない者はその封を失い、封は再び主君の手に戻るとした。これにより、封の保持を欲すれば、それには軍役義務が伴うことが明確にされた(81)。

この布告は、はっきりと封と軍役との関係を語っている。バルバロッサはすでに、王に反抗的な都市ミラノとの深刻な戦いの経験があったので、イタリアでの軍事力強化の重要性を理解していた。彼が一一三六年のロタールの法が定めた内容を、一一五四年一二月に、さらに明確に規定したのは、こうした彼の経験から説明することができる。

このバルバロッサの法は、『封の書』が北イタリアでその最古の形で編纂されていた頃と同じ時代に布告された。すでにバルバロッサは、最初のイタリア遠征に際し、北イタリアの法学者たちと接触しており、彼らから知った、新しい議論、カテゴリー、概念がバルバロッサに大きな影響を与えていた。その結果、この時代以降、帝国のアルプス以北でも、封と家臣制とを結合させる考え方が、王や諸侯の行為に対し、ますます強く影響することになる。法学者の実務的な理念は、ドイツでも政治的に多くの仕方で利用され、それにより有力諸侯たちは、彼らの権利と所有を拡大することができた。それはまた、和解の交渉にも利用され、エリート層の間でくすぶっていた紛争の解決に役立った。

一一五六年の『小特許状』

このような形での紛争解決の最も有名な例が、『小特許状』であることは疑いない。それは、バルバロッサが一一五六年九月一七日にレーゲンスブルクで、叔父ハインリヒ・ヤソミルゴットに保証した特権である。この文書は、長年にわたり続いていた抗争を解決するための政治的和解の一部であった。この抗争は、次のような経過を辿った。一一三〇年代にザクセンとバイエルンの大公であったハインリヒ傲慢公は、一一三九年に没する直前に、国王コンラート三世との戦いを始めた。コンラート三世は、彼を追放刑に処し、彼の大公領の没収を宣言した。国王はバイエルン大公領をまずレオポルト四世に与え、彼の死後はレオポルトの兄弟ハインリヒ・ヤソミルゴットに与えた。しかし一一五〇年代の半ばに、ハインリヒ傲慢公の息子ハインリヒ獅子公がバイエルン大公位を要求し、この抗争はさらに続いた。バルバロッサは、叔父のハインリヒ・ヤソミルゴットと従兄弟のハインリヒ獅子公の抗争を終息させるため、一一五六年の九月初め、封建制を利用した平和的な解決を取り決めた。それが、皇帝文書の『小特許状』である。この文書のオリジナルは存在せず、後世の写本で伝承されているが、重要なことは、この時代まで帝国では大公の位を封として与える慣習はなかったことである。バルバロッサは慣習に反し、バイエルン大公領を封として授与する例外的な措置を取った。彼はこの文書において、彼の叔父と従兄弟の争いを次のように解決した。ハインリヒ・ヤソミルゴットは、フリードリヒにバイエルン大公領（ducatus Bawarie）を返し、その後フリードリヒは、この大公領をハインリヒ獅子公に恩貸地として与え、獅子公はバイエルンの一部だったオーストリア辺境伯領を皇帝に返した。フリードリヒはこの辺境伯領を大公領に変え、それを恩貸地として、彼の叔父ハインリヒ・ヤソミルゴットとその妻テオドラに改めて与えたのである(82)。

これは、前例のないことだった。大公領を授封するという文書は、これ以前の帝国の文書には残されていない。この和解は明らかに、大公領の封としての理解に基づいて行われた。バルバロッサが北イタリアの法学者の詳細な議論を知ったことで、この争いを解決する道が開かれた。というのは、バルバロッサが法学者の議論から、封が原則的に分割可能であること、さらに、封に関わる諸問題について個別の協定を締結できることを知っていたからである。個別の協定とは、たとえば、息子の他に誰が封を世襲できるのか、どのような奉仕の義務が封ごとに具体的に課されるのか、といった事項に関するものである。バルバロッサは、まさにこの考え方に立脚して、新たにオーストリア大公になった叔父に対抗することができた。すなわち、この文書によれば、オーストリア大公領は、息子のみならず娘も相続しうるとされ、ハインリヒとともに授封されたテオドラが子供を産まずに死んだ場合（一一五六年の段階で大公夫妻は子供がなく、それはありえた）は、彼らはその恩貸地を、彼らが選んだ相続者に委ねてよいとされた。さらにオーストリア大公は、皇帝が彼を召集した際にバイエルンでの宮廷議会を訪問する以外は、皇帝に対し何の奉仕も負わないでよいとされた。軍役については、自身の大公領に隣接する地域での軍役のみが課された。このような規定は、一人の大公に対しては通常ありえない譲歩であった。

しかし、これは明らかにハインリヒ・ヤソミルゴットを譲歩させるために必要不可欠な条件であった。バルバロッサは、これらの条件を提示することで、彼の支配権を行きわたらせようとしたのである。この和解が基礎となり、オーストリアの歴史が始まる。

教皇ハドリアヌス四世とのストリでの出会い

まもなく、こうした封に対する新しい感覚は、君主の宮廷以外の政治領域でも見られるようになる。つまり、封と家臣制は、教皇と皇帝という普遍権力間の関係をめぐる争いでも新しい論拠となった。古い研究は、バルバロッサと教皇ハドリアヌス四世との最初の出会いにおける儀礼を封建制に基づくものとして理解した。その儀礼とは、一一五五年六月にバルバロッサが、ローマから遠くないストリで教皇と出会い、教皇に皇帝戴冠を求めた際に行った、教皇の馬の手綱を引く儀礼である。最初、ストリで教皇がバルバロッサの陣幕に入ったとき、バルバロッサが教皇をそこにどのように受け入れるべきかで両者の争いが生じた。というのは、バルバロッサが、教皇が馬から降りる間、手綱を引こうとしなかったからである。古い研究はこれについて、フリードリヒが教皇に対し、教皇の乗った馬の手綱を引く奉仕義務を拒否したと考えてきた。たとえば、ロベルト・ホルツマン(83)は一九二〇年代に、拒否の理由を以下のように説明した。手綱を引く儀礼は通常、家臣がその主君になすべきものであるから、バルバロッサは、彼が教皇の家臣とみなされる行為を避けようとしたのだ、と。

アキム・ハック(84)とローマン・ドイティンガー(85)は最近、それに対し、ストリの出来事の同時代に近い史料はどれもこの出来事を封建法的な文脈では理解していないと指摘している。ドイティンガーによれば、ストリでの出会いでバルバロッサは、手綱の儀礼を行うことを決して拒否していない。バルバロッサはそれを、教皇が予期したのとは違う方法で行おうとした。おそらくバルバロッサは、本来握るべき手綱とは違う手綱を握ったにすぎない。それにより教皇を失笑させる状況に追いやった。そして、手綱を取っての行列を再び行うことを約束し、二日後、教皇とバルバロッサはそれをもう一度やり直した。今度はうまくいき、バルバロッサの皇帝戴冠をもはや邪魔するものはなくなった。ストリの出会いでは、ゆえに封建制は何の役割も果たしていない。

ブザンソン宮廷議会での事件

ドイティンガーの史料に基づく解釈が本当に正しいかどうかは定かではない。確かなことは、封の問題がまもなく一一五七年の秋に、皇帝と教皇の政治的関係で大きな議論になったことである。それは、その年の一〇月、バルバロッサが開催したブザンソンの宮廷議会においてである。そこで二人の教皇使節がバルバロッサに会った。彼らはバルバロッサに、教皇ハドリアヌス四世からの書簡を渡した。教皇はこの書簡で、バルバロッサがルント大司教エスキルの事件で冷淡な態度を取ったことに不満を表した。エスキルは、ローマからルントへの帰還の旅の途中、襲撃され、捕らえられていた。ハドリアヌス四世はバルバロッサに対し、彼が十分にエスキルの解放のために努力していないと非難した。この書簡で、教皇はバルバロッサに対し、バルバロッサが教皇から皇帝戴冠を受けたことを思い起こさせ、バルバロッサに、より大きな恩貸地を与える用意があることを示唆した(86)。

この書簡は、続いて大きな問題を引き起こした。ケルン大司教ライナルト・フォン・ダッセルが教皇書簡を宮廷議会の参加者のために、ラテン語からドイツ語に訳した際、この箇所を「恩恵」という基本的な意味ではなく「封」と訳したからである。おそらくこれだけなら、紛争は回避されたであろうが、二人の使節のうちの一人が、「バルバロッサは誰から皇帝の位を得ているのか。主君の教皇から得ていないとすれば。」と問うたことで緊張感が高まった(87)。その結果、バルバロッサとハドリアヌス四世との仲たがいは決定的なものとなり、この問題は数か月くすぶり続けた。しかしハドリアヌス四世は、一一五八年六月初め書簡で譲歩し、彼が「恩貸地」の言葉で、「封」ではなく、「恩恵（bonum factum）」を考えていたと説明した(88)。

この事例は、帝国での封建制の歴史において大変興味深い。同時代人が教皇と皇帝との関係を、封建法のカテゴリーにより議論していたことが理解できるからである。教皇と皇帝の関係については、いわゆる叙任権闘争の際にすでに激しく議論されていたが、この時点で新しいのは、両者の関係が封建法的に理解されるようになったことである。ブザンソンの事例は、封や家臣制についての、宮廷での新しい感覚を表している。

一一五八年のロンカリアでの布告

その数年後、バルバロッサは再びイタリアに行き、ロンカリアで宮廷議会を開催した。このときもまた、彼は法の専門家と接触を持ったが、今度はボローニャの法学者たちであった。このときの成果は、一つには、皇帝の諸権利について、新しい有名な定義を行ったことであるが、同時に、バルバロッサはもう一度、彼が四年前に問題にしたことを取り上げた。すなわち彼は、封の授与方法と、その授与から派生する奉仕と義務に関する詳細な規定を伴う、第二の封建法を布告したのである。

　この新しい布告はまず、一一五四年に布告された法を言葉通りに再現している。この繰り返しにより、バルバロッサと彼の助言者たちが、古い規定を相変わらず重要なものとみなしていたことがわかる。一方でバルバロッサは、イタリアで大軍隊を率いて、ミラノと他のコムーネへの激しい攻撃を開始していた。イタリアでの自身の軍事力を確認することがよいと判断したからである。もちろん、バルバロッサと彼の助言者たちは、古い布告の繰り返しにとどまったわけではない。この布告は一一五四年の規定を越えて、大公領、辺境伯領、伯領が将来、分割されないこと、それに対し、他の封は分割可能であることを確認している。また、こうした封の一部でも保持する者はすべて、その主君に忠誠誓約を行う義務があることも規定された(89)。この規定の意味は明白である。大きな支配領——大公領、辺境伯領、伯領——自体は、バルバロッサに対してそこから忠実な軍隊を派遣するかぎり、分割されることはない。しかし、これらの主君——大公、辺境伯、伯——が授与する封は分割してもよいということは、それにより軍役従事者の数を増やし、バルバロッサの軍事力を強化することを意味した。

　さらに、封の取得者が家臣を持っていた場合、どのように封を分割するかについて詳細に規定された。つまり、一つの封の分割は、以下の条件のもとでのみ可能とされた。それは、家臣が自身の保有する封に関して複数の主君を持たないこと、また一人の主君は、封を彼の家臣の承諾を得ずに他の者に与えてはならないことである(90)。この規定が封の関係を強力なものにした。この規定により、主君と家臣が合意すれば、ほぼすべてのことが可能になったので、封を利用して、従軍する家臣を増やす戦略が多様化した。この規定はバルバロッサにとり、戦争に従軍する家臣の数を増やすためのよいチャンスとなったのである。

さらにこの布告は、どのような条件のもとで、一人の主君が彼の家臣から封を再び取り上げることができるかを明確に規定した。その条件とは、家臣の息子が主君を侮辱したにもかかわらず、家臣が彼の息子と離縁しない場合、あるいはそのような状況で、父が息子に対し、主君の名誉の回復をするように説得したにもかかわらず、息子が拒否した場合は、息子は封を世襲できないとされた。また、家臣の家臣、つまり陪臣が彼の主君の主君を侮辱し、陪臣がその名誉回復をしない場合、陪臣は封を失い、また家臣が、陪臣に対し、その名誉回復を要請しない場合、家臣は彼の封を失うとされた。この規定の目的は明白である。この法は明らかに、封の授与の体系における階層秩序を定めている(91)。すなわち、封を授封された者は、自身の主君に対する義務に忠実であるだけでなく、主君の主君に対してもそうあらねばならず、また、封の相続予定者、後継者である彼の息子も主君への忠誠の義務があるということだ。

この布告ではさらに、いかに紛争が解決されるべきかが規定された。すなわち、二人の家臣が一つの封を争う場合、その主君が決定を下さねばならない。一人の主君が彼自身の家臣と争う場合は、家臣の同輩者が判決を下すことになる(92)。それはもちろん、家臣たちの主君への忠誠に基づいた行為であったが、この規定が逆に家臣を守ることになった。つまり、この規定により、家臣は彼の主君の恣意に委ねられることなく、彼の同輩者である他の家臣たちの裁判に服すことができたからである。

そして、この布告の最後の規定により、皇帝はすべての家臣を越えた主君となった。というのは、この一一五八年の布告では最後に、皇帝に対して忠誠をなすこと、具体的には皇帝への軍事援助を行うことを条件に、家臣は主君への誠実誓約を行うことができると定められたからである(93)。そして、主君が皇帝と戦う場合にのみ、その家臣は皇帝に従わなくてよいとされた。この規定はバルバロッサにとり、譲歩できないものであった。この規定により初めて、封建制から生じうる反皇帝の軍事行動を阻止することができるからである。

この布告の内容から一一五〇年代以降、国王とその助言者たちが帝国のアルプス以北の地域で、封を土地所有と社会的諸関係の組織化のために利用したことが見て取れる。そして、バルバロッサの北イタリアでの軍役とその地での法律家との接触が、そのために中心的な役割を果たしたことも明らかである。ただし、アルプス以北の地域で新しい制度である封建制が構築される速度は、実際にはこれまでの研究が考えていたよりもはるかに遅い。最近のローマン・ドイティンガーの研究によれば、封としての公領の授与は一三世紀の終わりになって初めて通常の慣習となったとされる。

ハインリヒ獅子公の裁判

この背景のもとで、改めて一一八〇年頃に生じた劇的な紛争について考える必要があろう。その紛争とは、当時バイエルンとザクセンの大公であったハインリヒ獅子公が、大公の位とその封を失った裁判のことである。古い研究は、強力な大公が最終的に犠牲となったこの裁判について、ラント法による裁判と封建法による裁判の両方があったという前提で議論を行ってきた。このような理解は、バルバロッサが一一八〇年四月一三日にヘッセンのゲルンハウゼンで公布した有名な文書の解釈に基づいている。その皇帝の証書は、ハインリヒ獅子公の廃位が引き起こした結末について次のように記している。つまり、バルバロッサは、ヴェストファーレン大公領――かつてのザクセン大公領の西部――をケルン教会に贈与し、ケルン大司教ハインスベルクのフィリップをその大公として授封したが、この行為を正当化すべく、この文書は簡単に獅子公の失脚に至った裁判について語る。長文で複雑な文章だが、この出来事の概略がそこでまとめられている。カール・ハイネマイヤーによる翻訳に従えば、次のようにいわれる(94)。

現在の、また将来の、帝国に忠実なる者すべてに伝える。かつてのバイエルンとヴェストファーレンの大公ハインリヒが神の教会と帝国の貴族に対して、彼らの所有物を簒奪し、また彼らの権利を侵害し、彼らを激しく抑圧したことにより――それについては諸侯と多くの貴族たちからの苦情があった――また彼を召喚したにもかかわらず余のもとへの出頭を拒んだため、さらに、彼の同輩身分であるシュヴァーベン公の判決に反抗したため、余はハインリヒを追放刑に処する。ハインリヒは神の教会と諸侯に対し、彼らの高貴な権利と自由を侵害し、明白な大逆罪を行ったため、バイエルンとヴェストファーレン、エンゲルンの大公領、そして彼が帝国から得たすべての封を没収し、廃位することをヴュルツブルクの宮廷議会での諸侯の一致した判決で決め、彼を我々の法と支配のもとに服させる(95)。

この明瞭とはいえない規定が、本来、何を述べようとしたのかは、簡単に突き止めることができない。大半の研究は最近まで、前半部ではラント法に従った裁判のことが、後半部ではそれに対して封建法に従った裁判のことが描かれていると理解してきた。そして、ラント法に従った裁判では、ハインリヒが犯したザクセンの教会、諸侯、貴族に対しての多くの犯罪が扱われているとされた。ハインリヒはこの判決を顧慮せず、出頭しなかったので追放刑に処せられた。しかしこの裁判は、文書を文字どおりに読めば、バルバロッサがハインリヒ獅子公の断罪と公領の没収をラント法に従って行ったものではない。バルバロッサの証書では、ハインリヒが期日に出頭せず、そのまま放っておいたことに対して諸侯たちが改めて苦情を述べ、この再度の苦情と皇帝への無視のため、その後ハインリヒは「封建法に従って（sub feodali iure）」、三回召喚されたといわれる。ハインリヒがその後になっても出頭しなかったので、諸侯たちが最終的に彼を「頑迷な者（contumax）」として断罪した。頑迷な者とは封建法の専門用語で、「助言と援助（comsilium et auxilium）」の義務を果たさず、召喚しても主君の宮廷に出頭しない家臣を意味する。ハインリヒ獅子公に対する判決は、最終的に封建法的な犯罪の処罰であった。ハインリヒが召喚されたにもかかわらず頑なに宮廷に来なかったので、彼の封の主君であるバルバロッサを無視した者として、封建法に基づき反抗的な家臣として断罪され、その結果、彼の公領と封全体が没収されたのである。

ライヒェナウでの研究集会でも最近、ハインリヒ獅子公の失脚やゲルンハウゼン文書の性格について議論されたが、その研究の成果(96)からも、一一八〇年のハインリヒ獅子公の裁判の際に、ラント法的裁判と封建法的裁判が明確に区別されていたと確実にはいえないのが明らかである。この区別は、一三世紀終わりになり初めて明確に理解されるようになる。ユルゲン・デンドルファーによれば、バルバロッサとハインリヒ獅子公に対抗した諸侯たちは、おそらく、北イタリアの法学者たちが初めて体系化した封に関する紛争の法的手続きに依拠して議論していた。そうだとすればハインリヒ獅子公は、封の本質について考察し始めた最初の法学者たちの犠牲者でもあったといえる。いずれにせよこの有名な裁判の新たな解釈が、専門の歴史家の間で支持されるかどうかは今後の検討を待ちたい。

総じて一二世紀の半ば以降、帝国のアルプス以北の地域でも、封と家臣制の結合が試みられたことは確実にいえる。バルバロッサが封の法学的な新しい理解に関心を示したきっかけは、何より北イタリアで軍事力を誇示する必要があったからだろう。いずれにせよ、こうした文脈でバルバロッサの一一五四年と一一五八年の封建法は成立した。古い研究は、バルバロッサと帝国のエリートたちが、すでに古くからあった封建制を新しい仕方で利用して帝国改革を行ったと仮定したが、事実はそうではない。本来の封建法は北イタリアから発展し始めたものであり、皇帝と諸侯たちは、北イタリアで定式化され始めた封の法観念を、アルプス以北での政治のために利用したのである。

ただし、帝国での封建制の成立については、北イタリアからの影響だけでなく、おそらくフランドルにも目を向けねばならないだろう。フランドルは直接に帝国に隣接する地域であり、ヘンネガウ伯やケルン大司教などの多くの帝国諸侯が、フランドル伯と――互いの紛争がなかったわけではないが――一二世紀末に密接にかかわっていた。したがって、帝国における封と家臣制の関係の発展に対しては、北イタリアの法学者からの影響だけでなく、フランドルでの封と家臣制の慣習も影響を与えたと考えられる。

五　イングランド

イングランドと大陸との違い

以上の地域と比べて、イングランドの状況は異なっていた。イングランドではまず一〇六六年に、ノルマンディ公ウィリアムによるイングランド征服があった。イングランド征服は、この地域の歴史における深い断絶として解釈することができる。中世イングランドに関する研究は、したがって伝統的に、征服前の時代に関心がある歴史家の研究と、その後の時代を扱う歴史家の研究とに分かれる。封建制の歴史については、イングランドの封建制が純粋にノルマンディからの輸入なのか、あるいは、より以前のアングロサクソンの慣習から成立したものなのか、ということが問題となってきた。

中世盛期のイングランドでは、人的な紐帯と土地所有に関する情報がある文書の形態は、大陸とは違うようにみえる。大陸では、有名なドゥームズディブックに対応する文書は残されていない。ドゥームズディブックは、一〇八六年に作成された一種の国家の基本文書であるが、ウィリアム征服王が、彼に対し支払われるべき貢租と、彼自身が行った土地授与について把握するために作成させた。そしてもちろん、その正確さと規模の大きさ、その価値において、大陸の国家でそのような文書は一一世紀には存在しない。こうした文書が作成された背景には、イングランドでは一〇世紀以降、大陸のヨーロッパよりも中央権力化が進んでおり、王の官僚制も神聖ローマ帝国よりも数世紀早く存在していたことがある。

ノルマン征服以前のイングランド社会

イングランドのナショナリズムに基づいた伝統的研究は、自身の固有の学問的術語を用いながら、イングランドの史料の独自性、王権の強さ、そしてとくに、一〇六六年の征服についての連続性と断絶性についての議論を行ってきた。こうした研究の伝統が、イングランドでの土地所有と人的紐帯の考察を、大陸での封と家臣制に関する様々な議論と結びつけるのを困難にした。つまり、比較研究がこれまで欠如していたのである。さらに、スーザン・レナルズの研究がこの課題をなお困難にした。彼女は一九九四年の画期的な著作で、一一世紀から一三世紀のイングランド封建制に関する伝統的な歴史像の大部分について疑義を呈したからである。その後の研究も、レナルズの基本的な批判をもちろん克服できていない。現在、明確に納得できる理解は存在しない。その代わりに木版画のような、ぼんやりとしたスケッチのみが可能である。

初期中世の社会に関しては、大陸とイングランドの間でそれほど違いがないようにみえる。アングロサクソンの世界でもまた、八世紀以降、プレカリア契約による土地貸与が見出される。古いイングランドのテクストでは、“laen”（文字通りには「貸与」の意味）について言及されるが、その言葉がラテン語では“precarium”と翻訳されていた。そのような土地貸与は大陸でのように、当該の者が生きている間だけか、あるいは数世代にわたり保証された。通常、貸与された側はその代わりに、現物であろうが金銭であろうが貢租を支払わねばならず、またしばしば、土地貸与者への軍役に奉仕することも約束した。すべてが、カロリング朝フランク王国に存在したようなプレカリア契約を想起させる。

封建制のモデルが前提とする封と家臣制の結合は、イングランドでは一一世紀以前には存在しなかった。軍役も、もちろんパトロネジやクリエンテラ関係の上で組織されており、土地貸与の契約とは結びついていなかった。その代わりに、すべての土地には王に対する義務が課された。その義務とは、王のために軍役を行うか、あるいは、その代わりに相応の貢租を支払うことであった。またエドマンド王は、一〇世紀半ばよりも前の時期に家臣すべてに一般誓約をさせていた。それは、カロリング朝の王が九世紀に全自由人に要求した誓約と似ていた。

ノルマン征服による封建制の導入はあったのか？

一〇六六年の征服とともに何かが変わったことは誰も疑わないだろう。問題は、何がどのように変わったかである。古い研究は、封と家臣制の浸透の視点から、前後の断絶が突然生じ、根本的な変化が生じたとみなした。そのような研究は、次のように仮定した。つまり、ノルマン人たちが彼らの故郷から高度に発展した封建制をブリテン諸島にもたらし、アングロ・ノルマンの社会はその後一二世紀末まで、封と家臣制が結合した社会になる、と。その結果、土地が封に分割された。ただしそれは、イングランド史の学問的な術語では、大陸領であっても「封（fief）」ではなく、“fee”とか“honours”と記される。国王は、封を「直接の家臣（tenants in chief）」に与え、彼らは自身の側で、そこからさらに「陪臣（subtenants）」とくに騎士――すなわち、騎乗する重装備の騎士――に土地を貸与した。そして、土地の貸与は、主君のための軍役を騎士に義務づけた。つまり、イングランドの一一世紀末から一二世紀の経済、社会、軍制を支えたのは、自由な土地所有者たちでも、王により管理された官僚制を伴う国家でもなかった。そうではなく、主君と家臣間の人的な絆で構成された封の階層秩序が支えた、とされる。フランク・ステントンは一九二九年に、アングロ・ノルマン人の一一、一二世紀の封建制について古典的な研究を刊行したが、そこで彼は、封を「国家内国家（a state within a state）」として描いている(97)。

だが、この理解はもはや通用しないだろう。ノルマン人は一〇六六年に、教科書に描かれるような完全な封建制をブリテン諸島に導入することはなかったからだ。また、ノルマンディでも、そのような封建制は一一世紀初めに存在していない。イングランドでは、封の授与者と保持者の間のもめごとは、封建制的な会議によるのではなく、王の官職保持者の前で協議され裁決された。一〇八六年にウィリアム征服王は、誰が封の授与者であるかにかかわらず、イングランドのすべての土地所有者に対して自身への忠誠の誓約をさせたが、そこにも封建制が浸透していない証拠を見て取ることができる。

「フェオドゥム」の意味

イングランドの史料においてフェオドゥムとして記される所領は、古い研究が仮定していたよりも、はるかに自由人の土地に近い。そのような土地を持つ者は、土地についてかなり大きな権利を持っていた。フェオドゥムの保持者はつねに、それを自分の近い親族に相続させるように要求できた。そして彼は、それをさらに他の者に授与するか、あるいは教会に寄贈することができた。ただそのためには、主君の了解を得ることが通常、求められた。

もちろん主君から得た土地には、通常一定の義務が課された。まず主君への軍役である。それは「軍役代納金（scutage）」と記される支払いで代替することもできた。さらに死亡の際の貢租があるが、その額は、アングロサクソン期のように死者の社会的な地位によるものではなく、所領の大きさによった。大陸とは違い、主君はさらに、封の取得者で死亡した者の未成年の子供に対する後見の権利を持った。彼はまた、これらの子供の結婚についても、寡婦の再婚についても決定権を持った。結婚が、エリート集団の富と権力にとり決定的な役割を果たしていた社会では、このような権利を過小評価することはできない。こうした権利は一二〇〇年を過ぎても長く重要なものとして保持された。

王権による支配構造の存続

新しい研究では、一二〇〇年頃にあったとされる転換点も一〇六六年のノルマン征服の理解と同様に、それまで考えられていたような劇的な断絶とはみなされなくなった。デヴィッド・カーペンター(98)

によれば、貢租、軍役代納金、家臣の死亡時の貢租、後見の権利、結婚の決定の権利は、一三世紀までイングランド諸侯の権利の本質的な部分となっていた。臣従礼は、主君と家臣の関係に、忠誠と誠実の特徴を与えようとするイデオロギーの儀礼として生きていた。イングランドで、封と家臣制の結合は、一一、一二世紀においても、それに競合するものがなかったわけではないのである。封と家臣制の結合と並んで、そしてそれと軋轢を起こしながら、一〇六六年以前からの、王や王の官僚による支配の構造が存在し続けていた。

したがって、中世盛期のイングランドの政治的、経済的、軍事的な秩序を理解しようとするならば、この二重の構造を考察しなければならない。それは、フランスとアメリカで行われた「封建的変動」の議論とも無関係ではない。イングランドの例は印象的に、いかに人的な結合と土地の交換に基づいた支配が、王の強力な中央権力、行政の構造、公的な制度と共存しえたかを提示している。このようなイングランドの例を理解すれば、フランスの「封建的変動」のテーゼが前提とする二分法が、いかに問題を孕むものかが明らかになろう。

六　まとめ――封建制の誕生

「封」と「家臣制」の地域的多様性

この本の分量が制限されていなければ、さらにヨーロッパの他の地域も考察することで、一一、一二世紀の封と家臣制のイメージを豊かにすることができよう。というのは、封建的・家臣制的な絆は一二世紀初め以降、第一回十字軍の結果として近東に成立した、いわゆる十字軍国家においても重要であり、またそれは、一一世紀にノルマン人の領主たちにより征服された南イタリアでも重要であった。さらに教皇領、イベリア半島のキリスト教諸王国、東欧での封と家臣制の関係も考察すべきであろう。そして我々の歴史像は、そのような拡大考察を行っても、もちろん基本的に変化することはない。むしろそのような考察は、すでに述べたことを、より豊かで多面的なものにしてくれるはずだ。

以上、考察してきたように、ヨーロッパの多くの地域では、一一世紀以来、他人に土地の使用を認め、対価としての奉仕とくに軍事奉仕を要求する人々がおり、そのような土地を「封（Lehen）」、それに基づいた人的な結合を「家臣制（Vassalität）」と呼ぶことができる。ただし、この二つの要素だけでは、封建制に関してまだ理解できない多くの問題がある。なぜなら、この二つの言葉だけでは、他の土地所有の形態や他の人的な結合との間の流動性を表現できず、また、ヨーロッパの様々な地域で観察しうる、封と家臣制の多様性を説明できないからだ。カタロニアで文書により定式化された城主と戦士との傭兵契約は、フリードリヒ一世バルバロッサがハインリヒ・ヤソミルゴットに対し一一五六年に保証した『小特許状』とはあまりにも違う。もし、イングランドの「領主（lord）」が北イタリアの法学者に対し、封の主君は亡くなった家臣の子供を後見する権利をもっている、と語ったなら、北イタリアの法学者は心底驚いたであろう。

ただ一方で、ヨーロッパのエリート層は軍役、使節、旅行により移動することが多かったので、中世盛期になると、ヨーロッパの他地域の土地所有や人的結合の様々な形態を経験する機会が多くなり、そうした接触を通じて、フェウム、フェヴム、フェオドゥム、ホミニウム、ホマギウムといった言葉が各地に拡散していくことになった。しかし言葉の拡散は、全ヨーロッパにおいて同一の事象が起こったことを意味しない。

一一世紀末に封建制が誕生する

この第三章の最後に結論としていえることは、以下のことである。遅くとも一一世紀以降、多くのヨーロッパ地域で、何らかの形での封と家臣制があった。しかしそれはまだ、萌芽的なものであった。また、最初に説明した古いモデルが提示したような、統一的なヨーロッパの封建制は存在してはいなかった。そして、それぞれの地域における封と家臣制のあり方について、歴史的に具体的なことをいおうとするなら、可能なかぎり、その地域の人間がどのように土地、法、それらと結びついた人的関係と関わっていたのかを分析しなければならない、ということである。

ともあれ、封建制の誕生期を七〇〇年頃から一一世紀末に移すことは重要な意味をもつ。とくに考慮しなければならないのは、封建制の誕生の背景に、一一、一二世紀の社会状況の変化があることだ。第一に、封建制の萌芽がみられた北イタリア、フランドル、カタロニアでは、貨幣経済がかなり発展していたことが重要である。カタロニアでは早い時期に、軍役のために定期的に金銭を支払う「協定」、つまり傭兵契約が出現する。さらにそこでは、土地財産を金銭で購入した後、それを再び封として元の所有者に授与するケースも見出される。第二に、とくにカタロニアで生じることだが、一一世紀には、封建制を一人の主君と一人の家臣間の双務関係としては理解できなくなる。なぜなら、一人の家臣が何人かの主君に奉仕することが普通になるからである。多重封臣制は、封建制と並行的に形成され、少なくともカタロニアではそれが通常の形態であった。第三に、一一世紀には封の保持者の息子がその封に対し、確実に相続を要求できると理解していた。そして封の相続のためには、主君への忠誠が最も重要な条件とみなされたのである。

我々はこのような、貨幣経済の進展、多重封臣制、世襲制、封継承の優先権といった背景を考慮した上で、封の機能と魅力について新たな説明をしなければならないだろう。これまでの歴史研究は、こうした問題をほとんど扱ってこなかった。以上のことから、少なくとも三つのことが明らかになる。第一に、北イタリアの法学者は封を、社会的エリート層が土地所有を確実なものにしうる形態と考えていた。なぜなら彼らは封を、特別な訴訟によってのみ再び没収できるものと規定したからである。その結果、封は、貨幣経済が浸透し交易が活性化すると、投資の対象ともみなされるようになった。第二に封は、他の土地財産よりも確実に世襲できるものであり、その保持は、強く主君への忠誠に基づいていた。イタリアの初期法学者も、バルバロッサとその宮廷も、こうした主君への忠誠を父子間の義務以上のものに高めようとした。成立期の封建制は、その新しい体系化とともに魅力あるものとなったが、その背景には、複雑な相互義務の絆の中で生きる世界で、封建制が社会的関係の網の目を明確に構造化するのに役立ったことがある。第三に最後となるが、『小特許状』の例でみたように、この時代の人々は封の大きな柔軟性から、紛争を和解させるためにもそれを利用できた。それゆえ封は、エリート層にとり重要なものとなったのである。

第四章　一三～一六世紀のドイツにおける「封」と「家臣制」

中世後期・近世の封建制の評価

フランソワ＝ルイ・ガンスホフは、一三世紀に封建制はその最盛期を終え、封と家臣制の結合はその後なお数世紀の間存続するものの、ほどなく古い遺物となり、ヨーロッパ社会の支柱ではなくなると考えた。実際、ガンスホフは、「一三世紀以降の封建的・家臣制的な制度」について、彼の書物の最後二頁分だけで簡潔に論じている。一九三〇年代の研究状況では、ドイツの法史家ハインリヒ・ミッタイス(99)も、他の神聖ローマ帝国の制度史を扱った中世史家も同様の見方であった。彼によれば、封建制は制度として一二〇〇年頃までは社会の根幹をなしたが、その後、帝国レヴェルでは封建制の発展はみられず、一方で、個々の領邦形成が進んでいき、主君たちは領邦形成のために、自身の支配可能な領域を集積化することに努めることになる。つまり古い研究では、近代国家形成への道を進むことは、伝統的な封建的・家臣制的な人的結合から離れていくことを意味していた。

だがこの見方に対しては、スーザン・レナルズの研究の以前から、ドイツに関しては批判がなされてきた。すでに一九五〇年代以降、中世後期の帝国と領邦の封建制については、法制史家たちが強い関心を持ってきたが、彼らは、封建制の硬直化とか没落とはいえない状況を明らかにしてきた。逆に、中世後期と近世の封建制は、帝国レヴェルでも、また様々な領邦のレヴェルでも、統治、軍事、経済、社会に生命力を与える重要な契機となったことが証明された。その後さらに、帝国の様々な地域に関して多くの封建制の研究がなされ――すべての地域で同じ密度でなされたわけではないが、――それらの研究では、ラントの支配が、封建制に対抗して発展したのではなく、その助けを借りて発展したこと、また封建制が、中世後期から近世の帝国では統一的なシステムとなることなく、地域的に多様な形態をもつ柔軟なものであったことが明らかにされた。そして、多くの異なる封の形態を説明するために、細かく区別された封に関する術語が作られた。

スーザン・レナルズのテーゼをめぐる論争も、中世後期の封建制について再考を促した。つまり、封建制が一一世紀以降に初めて成立したとすれば、中世後期から一六世紀までを、封建制の本来の最盛期とみることができるのではないか、という主張が生まれた。だが、現在の研究の進展状況は、この新しい主張をまだ十分に論証していない。以下ではとりあえず、帝国を例にして、地域的な特徴と封建制の機能の多様性について提示したい。帝国を越えたヨーロッパ規模での広範な比較は将来の課題となろう。

一　授封強制をめぐる議論

ドイツの歴史家は一三世紀の封建制について、とくに一つの理由から関心をもってきた。それは、帝国がその国制の歴史で、なぜフランスやイングランドとは違う特別な道を辿ったのか、という問いである。その問いは、なぜドイツでは国民国家が形成されなかったのか、なぜその代わりに、大小の領邦からなる絨毯の切れ端を集めたような古い帝国ができたのか、という問いと深く関わる。そしてこれらの問いは、一九世紀から続くものであった。一九世紀の国民国家を待望する時代には、なぜドイツで「分裂」と「小国家群」が生じたのかについての原因探究がきわめて現実的なものであった。さらに二〇世紀に入っても、その問題がドイツの中世史研究の動向をかなり支配していた。

ハインリヒ・ミッタイスのテーゼ――ハインリヒ獅子公失脚事件の解釈

ハインリヒ・ミッタイスは、フランスとドイツの封建法を比較することで、その問題を解決しようとしたが、そのような比較は一九三〇年代に新たに始まったものである。なぜなら一九世紀以来の伝統では、封建制が国家の分裂に責任あるとみなす傾向が強かったからだ。ミッタイスはまさに、それに対立する立場を代表していた。つまり彼の見方は、封建法が原則的に国家構造の発展を促し、中央権力を強化するのに適していたというものである。ミッタイスはフランスと帝国の異なる発展を、それぞれが封建法からどのように逸脱していたかという視点から説明する。彼の見方で決定的なのは、いわゆる授封強制の問題であった。彼の授封強制のテーゼは、今や古いものとなってしまったが、それがドイツの研究を中世後期の帝国の封建制に向かわせた点で、大きな貢献をなしたといえる(100)。したがって、彼が行った古い論争を回顧するのも有益と思うので、以下でそれを要約しておきたい。

ミッタイスのテーゼは、一一八〇年から一一八一年に生じたハインリヒ獅子公失脚事件の解釈をもとに構築された。その事件で、ハインリヒの権力複合体はいっきょに崩壊したが、皇帝権はそこから直接の利益を得ることはなかった。なぜなら、ザクセンは分割され、西の半分はケルン大司教フィリップが保持し、東の半分はアンハルトのベルンハルトが保持し、バイエルンはシュタイアーマルクとトラウンガウに分割された後、ヴィッテルスバハのオットーの手に渡ったからである。なぜ皇帝バルバロッサは、戻ってきた大公領を再び譲渡したのだろうか。なぜ皇帝は、これらの強力な所領複合体を帝国領に加えず、皇帝権力を強化しなかったのか、という問いをミッタイスは立てた。

この問いにミッタイスは二つの理由で答えた。第一に、一二世紀の帝国諸侯がしばしば、継承者のいなくなった多くの封を授封せずに自領として保持していた事実を挙げる。ハインリヒ獅子公も皇帝も、継承者のいない封を授封せずに自身の手元に置き、そこから利益を得ていたので、彼らはすでに保持している封以外の所領を併合する必要を感じていなかった、というのが第一の理由である。第二に、ミッタイスはフランスと比較する。当時のフランス王は自身の手に戻った家臣の封を再度、授与することはなかった。その最もよい例は、一二〇二年八月に国王フィリップ二世がイングランドのジョン欠地王に対して行った裁判である。ジョン王は一一九九年以降イングランド王であり、同時にまたノルマンディ公とアキテーヌ公であり、さらにアンジュー、メーヌ、トゥーレーヌの伯でもあった。この広大な大陸の所領は、フランス王の封とみなされた。ジョンは自身が王であったにもかかわらず、同時にフランス王の家臣でもあった。ジョン欠地王は一二〇二年の裁判で、彼の大陸の所領の大部分を失ったが、その裁判には、ハインリヒ獅子公の裁判との類似性が見て取れる。この二つの事例ともに、王の家臣が大きな封を失ったが、両方の事例とも、王が他の家臣の苦情を聞いて、裁判で当該の家臣の有罪を宣言した。また、どちらの場合も有罪の理由は、家臣がその義務を怠ったことであり、それにより自身の封を失ったのである。さらに両方の事例とも、その判決は十分受け入れられず、戦争が勃発することになるが、封の主君である王が最後には軍事的に勝利した。ただ一つの相違点がある。フィリップは戻された封を再び授与せず、王領に併合した。フィリップがバルバロッサとは違う点は、フィリップ自身がこの裁判から直接に利益を上げたことである。なぜ、この相違が生じたのだろうか。

『ザクセンシュピーゲル』と授封強制

法史家のミッタイスはこの事実から、ドイツ史の運命と思われてきたものに明確な回答を見出した。彼によれば、フランスとドイツの相違となった原因は、法的に規定された授封強制であった。ドイツではフランスと違い、封の主君は封建法により、戻った封を一年と一日以内に再び授封することを強制されていた。だがこの法規範は、「帝国封建体制（Reichslehensverfassung）」のレヴェルでのみ存在したもので、個々の領邦内の封建法では存在しなかった。ミッタイスは、この規範がバルバロッサの生前に明確に定式化されていたとはみなさず、一三世紀の文書、つまりアイケ・フォン・レプゴーの『ザクセンシュピーゲル』において初めて定式化されたとみている。『ザクセンシュピーゲル』は中世低地ドイツ語で書かれた最古の法書の一つであったが、おそらくそれよりも古いラテン語原本に基づいていたと思われる。また、この種の法書は王の布告ではなく私的な著作であった。法に熟知したアイケのような人が、法とみなした事項を書き記したのだった。ペーター・ランダウ(101)によれば、アイケがこの著作を書いたのは、（今日のザクセンのノッセン近くにある）アルトツェレ修道院の近郊の場所であり、おそらく一二二〇年から一二三五年の間に、長い時間をかけて完成に至った。

アイケは『ザクセンシュピーゲル』で次のように述べている。「皇帝は、すべての聖界諸侯に、封を笏とともに授与する。また、すべての世俗の封臣に、封を旗で授与する。すべての封は、一年と一日以内に授与しなければならない」(102)と。アイケによれば、国王はまた、戻ってきた「世俗的な封」（家臣に旗とともに授与される封）を、一年と一日以上授与しないでおくことはできない。ハインリヒ・ミッタイスは、この文言と他のいくつかの史料に依拠し、彼の授封強制の理論を構築した。ミッタイスによれば、アイケが『ザクセンシュピーゲル』で述べた国王に対する授封強制は、すでにドイツでは、この二世代前の時代から国王が守らねばならない法であった。ゆえにドイツの支配者は、フランスの支配者と違い、戻った封をそのまま保持することで国家を中央集権化することはできなかったが、ドイツの領邦では、封建制が集権化の求心力として作用した。なぜなら、領邦では、封の主君が戻った封をそのまま保持したからである。その結果、帝国ではなく領邦が近代国家への道を見出すことになった。

しかし、このようなミッタイスの授封強制の理論は今日批判されている。ヴェルナー・ゲッツ(103)は一九六二年の論文で、再授封を規定する普遍的な法規範は帝国には存在しなかったこと、また、国王が封の再授封を強いられたのは政治的な理由や個々の契約の協定に基づいての場合が多かったことを論証した。そしてゲッツは、授封強制を示唆する『ザクセンシュピーゲル』での文言を、それまでとは異なる形で理解しようとした。彼の見解によれば、『ザクセンシュピーゲル』では、再授封までの期間が重要な問題であり、王や皇帝が戻された旗封をそのまま保持できないことを述べているわけではない。アイケがいおうとしたのは、世襲権あるいは契約により旗封の再授封の要求がある場合、その封は、いつでもよい日にではなく、一年と一日以内に授与すべきだということである。

フランスとドイツの国制の相違

さらにゲッツは、フランスとドイツの国制発展の相違と授封強制は無関係なものとみなした。ゲッツが決定的だと考えたのは他の二つの論点である。一つは、中世後期のフランスには封とみなされないような土地がなかったことだ。フランスでは王が封建法に基づいて、すべての土地への上級支配権を要求することができた。そのために、王は封建法的な関係を通じ、土地を再び彼の権力下に戻すことができた。ゲッツによれば、ドイツではそれに対し、多くの大小の領邦が封ではなく自由地であったので、王は個々の支配地を国家として統合するために、封建制の手段で全領土を掌握することは期待できなかった。

ゲッツは第二に、フランスとドイツの国制の相違を論じる。つまりフランスは世襲王政であり、ドイツは選挙王政であった。ゲッツによればこの相違により、両国の支配者家門は異なる戦略を取ることになった。フランスのように、王が自身の息子の王位継承を確実にしていれば、戻った封を王領地に加えることが王権や中央権力を強化することにつながる。フランス王はこの戦略を実践した。それに対してドイツでのように、王の息子ではなく、他の家門の者が次の王位に即くこともありうる場合は、王は王領ではなく、自身の家門の世襲財産を増やそうと考える。そのため、ドイツ王は王領ではなく、自身の家門の所領を増やすことに専念した、とゲッツはいう。

ゲッツの説の出現とともに、それ以降、授封強制の法規範によりフランスと帝国間の国制の相違が説明できるとは誰も考えなくなった。だがゲッツの議論も、一部はまもなく批判された。とくに『ザクセンシュピーゲル』の当該の文言についての解釈は、ハンス・ゲオルク・クラウゼ(104)とハルトムート・レッピン(105)により批判された。さらに、カール・フリードリヒ・クリーガー(106)が、「中世後期の王権は封建国家を克服しようとしておらず、封建制を確かな支配の原理」として維持しようとしていたと主張した。これらの批判からわかることは、ハインリヒ・ミッタイスもヴェルナー・ゲッツも、王と皇帝に、彼ら自身が考えもしなかった近代国家形成への意図を帰していたということである。

地域的な多様性の視点

さらにミッタイスの中心的なテーゼは、王権の側面からではなく、領邦の封建制の側面からも否定された。ゲルハルト・トイアーカウフ(107)が一九六一年にすでに、ミッタイスのテーゼがこの点で正確ではないことを指摘し、一四世紀以後のケルン大司教や一六世紀のベルク公のような多くの主君が授封強制に拘束されていなかった事実が確認された。ただし、一五世紀以後のミュンスター司教領のように、授封強制が法的に規定されていた領邦も確かに存在した。その後、地域研究が進むにつれ、地域ごとの相違が明らかになり、たとえば、ポンメルン、ブラウンシュヴァイク・リューネブルク、メクレンブルクにおいてもまた、中世後期には、戻された封に対する再授封の法が適用されていたことがわかった。

最近ではハンナ・フォルラート(108)が、ミッタイスがかつて取り組んだ問題をまったく違う仕方で解決しようとしている。彼女は、ドイツとフランスの歴史の相違を説明するためには個々の封建法の規範の相違を強調するだけでは不十分であるとし、その代わりに、個々の地域の秩序と、同時代人の秩序に関する意識を考慮しなければならないとする。彼女は、戻った封を理解するために、二つの視点が重要であることを述べた。それは第一に、一二〇〇年頃のフランスではドイツよりも、経済と財政の制度がはるかに発展し、そうした制度の重要性がフランスでは十分に認識されていたことである。実際、例を挙げれば、フリードリヒ一世バルバロッサの場合、彼は自身の収入と支出の詳細を正確に把握していなかった。彼にとっては、戻ってきた大きな封をそのまま保持するのは魅力的ではなかった。というのは、それを管理する行政機構が基本的に存在していなかったからである。

第二に、フランスとドイツでは諸侯と王との関係が違っていた。フォルラートは次のようにいう。ドイツでは、諸侯にとって自分たちが王を選出することが重要であった。フランスの諸侯はそれに対し、国王が誰かについてはさして問題にしなかった。国王といえども、政治権力的には彼らと同じ程度であったからだ。例えば、フランス王の家臣の一人が王の場合もあった。だが、フォルラートによれば、一二世紀に封建制の観念が体系化されると、封建制はますます階層秩序的に理解されるようになり、フランス王は最終的に、彼自身の地位を際立った特別なものとみなすようになる。その結果、フランス王は可能な限り、王の家臣との関係から自身を解放し、階層秩序の中で、はっきりと他の家臣を越える地位へと高めていった。同時に王は、豊かな経済力とそれによる財政基盤を利用して封を没収し、王領に加えることも行った。

授封強制という議論自体は、一九世紀に行われた国民国家を待望する議論と深く関わるものであった。国民国家形成が歴史の発展の頂点だとみなす者なら、なぜバルバロッサが一一八〇年の獅子公の失脚の際、それを利用して中央権力を強化しなかったのか、またなぜ、諸侯の利害に対抗して自己の利害を貫徹しなかったのかを問うであろう。それに対し、国民国家形成を歴史の目的とみなさない者であれば、バルバロッサの行為は驚くべきものでも悲劇的なものでもなく、同時代の考え方や政治構造に適合したものと考えるだろう。

以上のように、ミッタイスの封建法についての詳細な研究は、その核心において否定されている。だが、にもかかわらず、封と家臣制の研究史においてミッタイスの研究には重要な点がある。第一に、ミッタイスの研究が、中世後期の帝国における封建制についての研究に強い刺激を与えたことである。歴史家は、ミッタイスの研究を受けて、封と家臣制が内包する活力とダイナミズムを認め、また、封と家臣制の形態が、後の時代には多様性を帯びることも理解した。授封強制が個々の領邦で異なる形態になることも、こうした多様性の一例といえる。

封建制が中世後期の帝国において、いかに活力があり、また様々な変種があったかを解明するために、私は以下で三つの異なる問題を論じることにする。最初に、帝国の封建制において一三世紀以来利用された文書の類型を提示したい。封建制に関わる文書は、その数の多さと形式の多様性で、封と家臣制の結合の普及とその活力を証明するからである。それに続き、封建制に関する術語がいかにますます細かくなり、意味合いが異なっていくかを提示したい。さらにこうした背景に基づきながら、細分化され異なった形態を取るようになる封建制が、どのような多様な機能を帝国において果たしたのかを論じることにしたい。

二　封建制の新しい文書

帝国では一三世紀になると、封と家臣制の問題について、鉄筆やインクを使い羊皮紙に記すことが普通になった。それまでは、ドイツでの封建的・家臣制的な諸制度は、言葉や身振り、儀礼により根本的に規定されていたので、この文書の出現以降の時代については、封と家臣制の問題に関しての深い歴史研究が可能になった。一二〇〇年頃の文書の出現とともに、それ以前に実践されていたことがようやく、よく見て取れるようになる。同時に新しい類型の文書の増加は、封建制自体を大きく変化させた。つまり、文書の出現は、封や家臣制のあり方も変えることになったのである。

『法書』

最初の新しい文書類型は、すでに言及した『法書』である。アイケ・フォン・レプゴーの『ザクセンシュピーゲル』のような文書が、それまでの慣習を体系化しながら、ラント法と封建法を書き記した。この種の新しい法書は、帝国のアルプス以北の地域ではそれまで存在しなかったが、中世後期には広く普及するようになる。代表的なものは『ザクセンシュピーゲル』であるが、それとともに、一三世紀の終わり以降には『ドイッシュピーゲル』とそこから派生した『シュヴァーベンシュピーゲル』も重要なものとなった。同時に、それらが扱う論点を明確にする参考書も書かれるようになった。

もちろん、このような文書はその機能において、近代法と同じものとみなすことはできない。なぜならこれまでの研究が明らかにしたように、法の実践においては、『シュピーゲル』が定める規範からの逸脱が非常に多かったからである。一つの例を挙げれば、女性が封を保持できたか、また授与できたか、という問いがある。『ザクセンシュピーゲル』はそれを否定し、「聖職者、女性、農民、商人、庶子は封を持つことはできない」(109)と述べている。このように、アイケの意見では、女性は聖職者、農民、商人、庶子と同様に封を保持することはできないものの、現実の法実践では、中世後期の多くの地域で法規範とは異なり、多くの女性が封を持ち、また授与していた。そしてもちろん、そのことは同時代人にとり法の侵害とはみなされなかった。このように、法書の規定が近代的な意味での法律ではなかったとしても、『シュピーゲル』は参考書として広く普及し、封の問題に関して、地域を超えて了解される基準となったが、この種の文書は、その出現までは帝国で存在していなかった。

また、一三世紀には多くの地域で、封の授与を文書に記録することが慣習となったが、それにより、さらに新しい類型の文書が成立した。そうした文書は、歴史家に封建制についての多くの情報を与えてくれるが、その種の新しい類型の文書としては、とくに三つの相互に関連する文書、つまり、封建関係を記載した目録、書簡、証書が重要である。

封と家臣の目録

封と家臣に関する最初の目録は、帝国では一二世紀後半にすでに書かれている。最古の例は、いわゆる『ファルケンシュタイン文書（Codex Falkensteinensis）』(110)である。ノイブルク・ファルケンシュタイン伯シボト四世が一一六六年の夏、フリードリヒ一世バルバロッサのイタリア遠征に参加する前にそれを作成させた。作成の理由は、この遠征が生命の危険を伴う行為だったので、彼の子供たちのために、彼がどのような所領を保持しているかを記録しようとしたからである。だが、この『文書』は、狭義の封関係の目録を越えたものであった。ここでは、彼に対する二〇人の封授与者と、彼らから授封された封について書かれているが、それとともに、この文書では、この伯が保持する他の諸権利と他の所有地も記載されている。また、この文書が多くの細密画で装飾されていることから、それが自分の封管理についての冷静な記載以上のもの、つまり、自身の威光を示すためのものであったこともわかる。この文書をみれば、人々は伯シボトがその富と地位により、帝国の政治的エリートであることを理解できたであろう。

初期に書かれた他の封と家臣に関する目録も、同様に具体的なきっかけからか、特別な目的から作成された。有名なものとしては、一一八九年か一一九〇年に家人［ミニステリアーレン］のボランデンのヴェルナーが作成させたものがある(111)。そこでは四五人の封の主君と約一〇〇人の家臣がその封とともに記載されている。この目録には、それ以前に書かれていた、ヴェルナーの他の所領とそれに関する諸権利の記載もいっしょに書かれている。もう一つ有名なものには、マインツ大司教コンラートが書かせた目録がある。コンラートは大司教位を一度追放され、一一八三年に大司教位に復位したが、その後にこの目録を作成させた(112)。コンラートは、この目録により、彼の敵であるブーフのクリスティアンが、どの所領を一一八三年までのクリスティアンの大司教位時代にマインツ教会から奪ったものかを確認した。この一覧表はまたコンラートにとり、彼が大司教位に復位してから支出した莫大な金額についての釈明にもなった。つまり彼は、四二一三銀マルクという大きな額の奪われた財産を取り戻すために使ったからである。コンラートはこの目録により、同時に、彼に任された大司教座の財政再建に取り組んでいることを周囲に示したのである。

このような封と家臣に関する目録は一二二〇年代以降さらに発展していったが、一三世紀全体でも、帝国内で書かれた目録の数は二〇冊以下である。この種の目録の作成は一四、一五世紀に初めて一般的に普及し、また主君の死後に書かれるのが一般的になった。というのは、新しい主君がその地位に就くと、家臣は自身の封を一年と一日以内に確認してもらう必要があったからだ。そして確認の行為は、大きな封建集会の場においてか、就任の際に個別的になされた。主君はこうした機会に、封と家臣についての詳細を可能なかぎり体系的に文書に記すことができた。封の目録は多くの場合、封のある地域ごとに記載された。ただ、ときには家臣の地位に従って記載される場合もあった。また封の目録は、主君の威光を示そうとする意義もつねに存在した。たとえば、ファルツ選定侯フリードリヒ一世が一四七一年に書かせた封の目録は、細密画に描かれた豪華な写本である(113)。ファルツ伯が、家臣たちの紋章の上に描かれることで、この伯の重要な地位が可視化された。また同時に、この種の書物は儀礼の際に使用された。ファルツ伯の家臣は、自身の封の誓約をその書物に手を置き行ったことが知られている。

一五世紀に封と家臣の目録は、多くの地域で封の登記簿に発展した。それは、たんにそれぞれの封と封取得者の名前だけではなく、それぞれの家臣が、いつ封を保持できたのかも記載した。登記簿はまた、授封の文書、いわゆる封建法書簡を含む場合もあった。

封建法書簡と証文

封建法書簡は、中世後期の帝国で出現する一つの典型的な法文書であるが、それは封の主君が彼の家臣に発給した証書である。そこでは、家臣がどのような財産を授封されたか、どのような義務がそこから生じるのかが記されている（ただし帝国の場合、その詳細が記載されるのはまれであるが）。とくにこの証書により、当該の封を娘や様々な傍系の親族が継承する可能性について特別な協定が結ばれた。この種の文書は、帝国ではまず一二世紀に出現し、中世後期に初めて慣習的なものとなるが、口承と儀礼が重視されていた授封行為にとって、それは法的にはあくまでも副次的なものにとどまった。だが最終的には、こうした文書が主君とその家臣の間の法的な拘束力を持つ契約となった。

さらに、封建法書簡と対をなすものが、いわゆる封の証文である。それは封の取得者が封の授与者に発行する文書であった。それにより家臣は、彼が封を受け取ったことを文書に書き記し、それにより自身に生じる義務の遂行を約束した。

中世後期と近世の帝国では、封建法書簡と証文が数千通発行されている。それらは、通常、主君と家臣それぞれの死去の際に交換された。封建法書簡の発行はもちろん、主君にとっての収入源となった。なぜなら主君の文書局はそのために通常、料金すなわち家臣が支払うべきいわゆる「封税（Lehenstaxe）」を要求したからである。とくに、授封の際に協力した文書局の官職保持者には、封取得者から何らかの報酬が与えられた。さらに帝国の多くの地域で授封の際に支払う貢租があり、それは「封のための品物」と呼ばれた。ミュンスターでは、これは「軍用品（Heergewäte）」（「品物（Gewäte）」は「装束（Gewand）」、「衣服（Kleidung）」、「装備（Rüstung）」を意味する）と呼ばれた。ミュンスターで封税は、文書では「ウンラート（Unrat）」とも記された。税額は一定ではなく変動した。「軍用品」の場合、ミュンスター司教区では、通常一マルクから五マルクの額を支払った。封建法書簡の発行には通常、約九シリング支払ったが、その額は高額なものではなかった。一六世紀にミュンスター司教は約三〇〇人の封取得者をもっていたので、司教の死に際しては、「軍用品」により収入が期待できたが、それは一五〇〇金グルデンに満たない額であった。金銭的にはあまり大した額ではなかったが、多くの貧しい主君にとっては、この税は手放せないものだったろう。

三　封建制の新しい言葉

「ヘールシルト」の出現

封建制の様々な変種が登場することにより、新しい文書類型が出現したのみならず、封建制の特殊な形態を表現するために、この時期の人々は新しい言葉を考案することになった。中世後期に形成された封建制に関する術語は、細かい差異と多様なあり方を示す点で、一二世紀初めまでの封建制に関する術語とは比較できないものであった。

中世の封建制の特徴を表すものとして、最もよく知られた言葉は「ヘールシルト（Heerschild）」であろう。それが何を意味するかは、その言葉の長い歴史を見るとき、最もよく理解できる。この言葉はすでに、ランゴバルド人の法書で八世紀に使用されていた。その最古の形態は「アリシルト（arischild）」と表記されているが、それは「戦士の盾（Kriegerschild）」という意味である。その言葉は当時すでに、比喩的に武装した軍隊あるいは軍役を意味していた。封取得者の軍役は通常のことであったからだ。さらに、「ヘールシルト」という言葉は一二世紀以降、封の取得可能性を意味する言葉となった。たとえば、ある人が「ヘールシルトに生まれた（zum Heerschild geboren）」ということができた。誰かに対し「ヘール

図(3)　『ザクセンシュピーゲル』の挿絵に描かれたヘールシルト制　“Heerschild” (Wikimedia Commons)

シルトを与える（Heerschild geben）」は、彼に封の取得能力を授与することであった。したがって人々は「ヘールシルトを失うこと（Heerschild verloren）」を恐れた。アイケの『ザクセンシュピーゲル』や他の中世後期の『シュピーゲル』はこの意味をさらに発展させ、この言葉を封建制内部の相対的な地位の段階を表すものとして用いた。

アイケは、六つか七つの「ヘールシルト」を区別している。第一のものを国王が、第二のものを聖界諸侯が、第三のものを俗人諸侯が、第四のものを「自由貴族［フライエ・ヘレン］」つまり諸侯でない貴族が保持した。第五の「ヘールシルト」は、参審人である自由人（裁判官の役割をする者）および自由貴族［フライエ・ヘレン］の家臣が保持する。さらに、第五の者の封を保持する人々が第六の「ヘールシルト」を保持する(115)。『ザクセンシュピーゲル』では、アイケがそれを越えて第七の「ヘールシルト」を考えていたかどうかはわからない。一方、『シュヴァーベンシュピーゲル』は、第七の「ヘールシルト」を「不自由人ではない自由人」、つまり、名誉ある生まれの自由人が保持するとしている。

規範としての「ヘールシルト」――例外の存在

これらの「ヘールシルト」の理念が、今なお学校の教科書や中世の封建制の概説で引用される封のピラミッドの前提となっている。このように可視化されたピラミッドの形態は、同時に誤った理解を導く。第一に、封建制に始めから「ヘールシルト」の秩序があった、との印象を与えるからである。だが実際には、それは一三世紀に初めて行われた秩序化の試みであった。第二に、法書が根本的に規範となる参考書であり、それが遵守されることもあったが、実際にはその例外もあったことだ。ライン地方のファルツ伯は、その一四〇一年の封建法書で、ユーリヒ公ヴィルヘルムをその家臣として挙げている(114)。「ヘールシルト」の秩序に従えば、ユーリヒ公が地位を下げなければ、授封は不可能であった。ただ、それが実現した理由は、ユーリヒ家の辺境伯への昇進（一三三六年）および公への昇進（一三五六年）よりも、彼への封の授封が早かったからであった。そして、このような事例はさらに数多く存在した。

次の点がより重要である。封のピラミッド描写からは、低い「ヘールシルト」が、国王とは無関係のようにみえることである。つまり、二つの隣接した「ヘールシルト」の間でのみ、たとえば、国王と聖界諸侯との間でのみ封関係があって、国王と第三の、あるいは、それより低い「ヘールシルト」との間に封関係がないかのようにみえるが、現実にはそのようなことはなかった。実際には、法書が表す「ヘールシルト」の秩序は、それぞれが自身の「ヘールシルト」を低めることのない形で、誰から封を受け取ることができるかを定義している。世俗の帝国諸侯の場合、自身の地位を低める危険を犯すことを望まなければ、封を国王と聖界諸侯からのみ受け取ることができる。しかし世俗の帝国諸侯は、封を第四の「ヘールシルト」を持つ貴族に与えることができるだけでなく、参審人の自由人、あるいはその家臣にも与えることができた。

市民への「封」の授封

実際、国王は中世後期において封を貴族にだけ与えたわけではない。一四世紀の中頃以降、国王は積極的に帝国都市の市民に封を与え、王の家臣としての義務を負わせようとした。この政策は、帝国都市の都市貴族だけでなく、多くの手工業者や都市参事会に加入できない家門にも適用されたので、一五世紀に市民は、王の家臣の第二の大きなグループを形成した。このようにして王は、帝国都市内のエリート層との関係を確立し、資本力のある投資家を味方につけ、王を饗応してくれる忠実な者や王の外交官となる者を得た。一方、授封された市民は、王の家臣としての社会的威光により利益を得た。また少数ではあるが、農民でも帝国の封を保持した者がいた。

したがって、封建制はハインリヒ・ミッタイスの説に反して、非・諸侯的な貴族や市民を王権から切り離すことにはならなかったのである。現実は、ミッタイスの仮定とはまったく逆であった。カール＝フリードリヒ・クリーガー(115)は、多くの中世後期の国王が、帝国の様々な人々やグループに義務を課す「家臣制政策（Vassalitätspolitik）」をいかに集中的に行い成功したか、またそれにより、封建制が軍事奉仕を越えた高度に柔軟な制度であることを実証した。たとえば、ニュルンベルク、ウルム、バーゼルの市民は、取得した封により、国王のために個人的に軍役を行うことはしなかったが、彼らはその封を用いて戦争のための資金を国王に出すことにより、国王に奉仕したのである。

さらに、国王のみが市民を家臣にしたわけではない。中世の終わりには、たとえばヴュルツブルク司教の封取得者の約三分の一は、市民あるいは農民であった。一四世紀から一六世紀に都市シュヴェービッシュ・グミュントでは、都市に隣接する領主（ヘル）から封を取得していた三五の家門があったことがわかっている。とくに、そうした封取得者は、エルヴァンゲン修道院とレヒベルクの領主（ヘル）

たちから授与された者が主であったが、ヴュルテンベルク伯、ヘルフェンシュタイン伯などから授与された者もあった。

多様な「封」の出現

封の柔軟性は、封を表す術語がますます細分化していく事実にも見て取れる。中世後期には、単に封という言葉のみがあったわけでない。「家臣封（Mannlehen）」、「女性封（Weiberlehen）」、「正しい封（rechte Lehen）」、「旗封（Fahnlehen）」、「手封（Handlehen）」、「世襲封（Erblehen）」、「抵当封（Pfandlehen）」、「城封（Burglehen）」、「財布封（Beutellehen）」、「貢租封（Zinslehen）」、「地代封（Rentenlehen）」、「自由封（Freilehen）」など、多くの言葉があった。それぞれが、時代とともにその意味を変化させたのみならず、その時代の帝国の異なる地域における様々な現象を表現するものであった。その全体を概観することは難しいが、そのいくつかの形態の典型的な特徴についてだけ、ここではみておこう。そうすれば、封建制が孕む、大きな経済的、社会的関係の広がりを見て取ることができる。

「家臣封」

家臣封から始めよう。この術語は最初、臣従礼や家臣制に結び付いたすべての土地貸与を意味した。だとくに、この言葉は封を、家人［ミニステリアーレン］に授与された土地と区別する際に使用された。だが中世後期に、封の術語が細分化するとともにこの言葉の意味が変わる。家臣封は、言葉の最初の部分

（マン）が、彼の主君（ヘル）に臣従礼を行い封を受ける人間の意味ではなく、男性の意味とみなされたからである。ゆえに家臣封では、男系で息子や甥への世襲を前提とした封と理解されるようになった。

「女性封」

女性封はそれに対し、女性が保持したか、あるいは少なくとも女性が保持可能とみなされた封のことである。封建制の古典的モデルにとっても、中世後期と近世の封建法学者にとっても、女性封は難しい問題であった。というのは、女性は武器を持つことができず、また、封の主君に対して助言を行うのには不適任だとみなされたからである。ゆえに女性は、同時代人の目からみれば、本来封を保持できないはずであった。だが現実には、女性封は多くの地域で普通に存在した。たとえば、女子修道院長は封を取得し、また与えることができた。また女性封は、しばしば世襲により生まれた。つまり、男系の後継者がおらず、やむをえず女性が取得する場合や、封関係の設定で特別な規定を作り、女性が取得する場合もあった。ただ、封を取得した女性には、男の封取得者なら可能なことでも女性にはできないことがあり、その場合は、主君への奉仕をなすために他の人に全権委任しなければならなかった。

「市民封」

また、すでにみたように、多くの市民が中世後期に封を保持していた。中世後期と近世の同時代人の法理解において、市民封には地域的な差異がある。『ザクセンシュピーゲル』がとくに普及した北部と東部のドイツでは、市民は家臣の身分において、貴族と同じ地位ではなかった。家臣の死去後の相続も、多くの地域では再授封の法が適用されず、再授封は主君の恩恵に基づいていた。また市民は、主君の再授封の恩恵と引き換えに、金銭の支払いを要求された。つまり、市民は再授封の際に主君に対し、封の貢租から一定程度の額を支払わねばならなかった。しばしばそれは当該の封の一年分の収入に上った。

「城封」

また、他の封の形態として、いわゆる城封がある。城は中世後期に重要な支配の拠点となったが、城は多くの騎士を守備隊として必要としたので、城の防備は封を用いることで確かなものとなった。すなわち主君は、封を騎士に与え、城に住んで軍事的に防衛する義務を課した。また封の主君は、城に住む騎士に対し、必要に応じて城を主君のために開城する義務も課した。通常、それぞれの城では、時代により、また城により異なる、封に関する法慣習があった。

「地代封」

一二世紀以降のアルプス以北の地域では、城封として、土地や土地をめぐる諸権利よりも、地代が授与されるケースがますます多くなる。この傾向は他の封でもみられるが、それは普通、金銭の形であったが現物でも支払われた。そのような地代封と称される封は、基本的に以下のようなものであった。まず、当事者双方の間で、主君が毎年、家臣に支払う地代の額について合意する。主君が、そのために必要な定期的収入の基盤としたのは、たとえば関税とかの税であった。家臣は地代を得ることで主君への奉仕が義務付けられた。そのため、地代封は、傭兵への給料（とくに城封における軍役のための給料）や、他の業務遂行のための給料に似ていたが、地代封が封とみなされたことで、封建法の規範に縛られていたことが重要である。それゆえ、地代の紛争に関する裁判や地代の世襲の問題は、封建法に基づいて解決された。

また、この地代封の場合、しばしば当事者双方の協議で、主君が毎年支払う地代を、一回の特別な支払いにより一度に多く支払うように定めることもあった。それは、たいてい一年の十倍の額であった。だが封関係は、それをもって終わることはなく、以下のことが付加的に決められた。つまり、封取得者が、主君からの支払額により自分の財産を新たに獲得し、それを主君に封として譲渡するか、あるいは、主君に対し彼の財産の一部を封として譲渡し、そこから、年ごとの収入として地代額の一〇分の一の額を主君から得ることができた。こうして地代封取得者は、以前と同じ額の収入を得た。このように、主君は彼の家臣の私有財産を一定程度購入し、それを再び家臣に封として与えたが、それは明らかに利益になった。主君はそのような取引のために、彼の定期的な収入の一部を投資しなければならなかったが、彼は収入源自体――土地や土地に関わる諸権利――をその手から手放す必要はなかったからである。それは多くの主君が可能な限り、多くの不動産と土地に関わる諸権利を一定地域で集積しようとする時代に、財産と諸権利の喪失や減少の危険性を少なくするものであった。

「抵当封」

これと類似するのがいわゆる抵当封である。一人の主君が負債を抱えるとき、主君は債権者に対して負債を返済するまで、この負債の抵当として彼の所有物から封を授与できた。それは負債者の主君にとって、通常の抵当よりも有利なものであった。なぜなら、それは封として授与されるので、抵当に対する債権者の自由処分権を制限できたからである。また債権者にとっても、この封は利益となるものであった。というのは、債権者は一人の主君との封関係を構築することで、その主君から名誉や保護、援助を得ることが可能になったからである。抵当封が持つ価値によっては、それは負債の単純な返済以上の永続的な利益をもたらした。換言すれば、抵当封は、負債の利子の支払いに匹敵するものであった。

その他の「封」

封の類型は、地域的な特殊形態をも考慮すれば、さらに挙げることができる。まず、バイエルンとオーストリアで一三世紀末から出現する財布封がある。それは封だが、その対価としての主君への軍役や助言の義務はない。その代わりに、主君あるいは家臣の死去の際に、主君の「財布」に対し、特別に高額の「封税」を支払わねばならない。さらに、賃貸封があるが、その封では、封取得者の奉仕義務が定期的な賃貸料により代替される。そのあり方は小作関係に非常に近い。もちろんここでも、封をめぐる紛争の解決や封の世襲については、封建法により規定されていた。また、まれな封の形態として自由封があるが、その封の場合、家臣に何の義務も課されることがない。

近世における「封」に関する言葉の劇的な増加

近世になると「封」の言葉が付く言葉は劇的に増え多様化する。ヨハン・ゲオルク・クリューニッツが一七七三年頃に刊行し、一八五八年までに二四二巻にもなった『世界百科』(116)には、「予約された封(aboniertes Lehen)」から、「貢租封(Zinslehen)」まで二三五の異なる封に関する言葉がある。そのなかには、たとえば、ダルムシュタットで一六世紀以降出現した「ロバの封(Eselslehen)」がある。それは、その都市がフランケンシュタイン家に対し、封として毎年、穀物一二マルトを与えていたものだが、それには以下の義務が結び付いていた。それは、ダルムシュタットに住む女性がその夫を殴ったとき、封取得者「フランケンシュタイン家」は都市の求めに応じて、自身の費用で使者とロバを送り、妻が悪意で無防備の夫を殴った場合は、その使者が妻をロバに乗せ都市を引き回した。殴られた夫が悪い場合は、夫がロバで引き回されることになった。

さらにいくつかの例を挙げておきたい。中世後期と近世の封建制は、それまでの枠組みをはるかに越えた多様性とダイナミックな変化があるのが印象的だが、すべての形態がすべての地域や領邦で同じように普及していたわけではない。たとえば、ヴュルテンベルク伯領では地代封は授与されなかったようにみえる。またヴュルツブルク司教は一五世紀にはライン地方のファルツ伯に比べ、より多くの市民封を授与していた。財布封はバイエルンとオーストリアでのみ知られるものである。いわゆる「優先封(ligisches Lehen)」は、帝国の西部と北西部でのみ見出されるものだが、この封では封取得者がとくに封授与者と密接に結びついており、他にも封の義務があっても、この封の主君への義務が優先されねばならなかった。

すべてのものが「封」になる

ともあれ封の対象は、どこまでも広がっていった。ほぼすべてのものが封として授与されえた。封となるものは、小さな牧草地や、一つの家の中の部屋から始まり、裁判で負けた際の賠償費用のための抵当、さらに地代や様々な支配権、またさらには、城、都市、公領全体にまで至る。そして、封取得者の義務が、それぞれのケースで封の相続も含め個別的に協定された。とくに、自身の個人財産を、それに関心を持つ主君に封として委託した者は、その財産を有利な条件で保持しえた。男女を問わず、王から都市の手工業者や農村の農民に至るまで、ほぼすべての社会層が封関係に組み入れられていた。そして、それぞれの封関係は、それに関わる者の日常生活の中で多様な形態を取った。多くの封の主君が、通常、家臣の奉仕に関心を示さないようになった。ただ時折、主君は家臣の義務を促した。それゆえにカール・ハインツ・シュピース(117)は、封関係を、必要に応じてネジを締めたり、緩めたりする行為と比較している。

このように封建制には多様性があるので、その共通分母を見出すのは難しい。この書物の初めに考察した封建制のモデルは、中世後期と近世の帝国に存在した封建的・家臣制的絆の多様なあり方をみれば、封建制全体の一部でしかない。実際、王による帝国諸侯の授封と農民への貢租封との間には、相容れない大きな差異がある。それらに共通するのは、その法的行為の基礎に封建法があったということだけである。封建法は一三世紀以来、様々な変種を包含しながら、ますます固有の法として明確に他の法から区別されるものとなった。実際、封建法の地域的な相違は、いわゆる「外部封（Aussenlehen）」——その封の主君が封の存在する領邦から離れた場所に居住しているときの封——において強く感じられる。その場合、封取得者が地域の封建法に従うか、あるいは遠くに住む主君の封建法に従うかで争いが生じることがあったからだ。

四　封建制の様々な機能

封建制によるラント支配

中世後期の帝国において封建制は、このように多面的で柔軟であったので様々な機能を果たしたが、依然として軍役奉仕の義務が存在した。たとえば一六世紀のミュンスター司教座の封取得者は、なお軍役に召集された。もちろん、このような封に基づく軍役召集と、司教座の臣下としての軍役召集つまりラントの軍役召集を区別するのはますます難しくなる。通常、ミュンスター司教の家臣は、同時にミュンスター司教座の臣下であったからである。

封に基づく家臣の軍役召集は費用がかかるものであった。ミュンスター司教は、封取得者に軍役の期間を定め、司教は彼の家臣が戦争で被った物質的な損害を補償しなければならなかった。また、封による召集には長い間、傭兵という競合者が存在していた。中世盛期以来、傭兵が軍隊の重要な部分となっていたからである。傭兵は、金銭を受け取ることで忠誠を売る職業的な戦士であり、効率的な軍隊であったが、封に基づく軍隊よりも、もっと費用がかかった。

しかし、中世後期の封と家臣制は、軍事組織としてよりも、政治的、経済的に重要であった。古い研究は、領域的な基盤に立つラントの支配は、本質的に人的な絆による封建制に対抗し、長期的には封建制を犠牲にして構築されたと考えてきたが、今日、多くの歴史家はそれとは違うように見ている。すなわち、現在では、中世後期に多くの領主（ヘル）が封建制の様々な特徴を巧みに利用し、可能なかぎり、一定の地域の多くの支配権と不動産をその支配権下においたと考えられている。とくに地代封はそのために助けとなった。封の裁判権は、ラント全住民への裁判権を貫徹するための出発点となった。最終的に、こうした巧妙な封政策が、他の貴族をラント内に居住させ、可能なかぎり他の者との封関係を解消させ、封を持つ領主（ヘル）をラントの領主（ヘル）として認めるようにさせたのである。

封建制の儀礼による秩序の可視化

最近ではまた、これとは異なる政治的な次元の問題が歴史研究の視野に入っている。つまり、封建制が帝国では第一に、他の家臣や領主（ヘル）の面前での臣従礼、誓約、叙任といった、主君と家臣の個人的な出会いの場でなされる儀礼の領域で、生き生きとしたものとして存在したことである。封建制の儀礼は中世後期にも力強く生き続けていた。封建制の文書による契約が増加しても、授封の儀礼が、その正式な行為としての意味を失うことはなかったのである。

とくに最近の歴史学は、儀礼行為の重要性に注目するようになっている。儀礼は社会構成のあり方に意味を与えるものであり、同時にそれは、通常は目に見えないもの、つまり、権力者の地位とか、社会内部の階層秩序を可視化した。それゆえに儀礼は、権力を構築する重要な要素となる。それは権力の秩序を単純には模倣しないが、儀礼の細かな演出の中で、権力の秩序が明らかにされ、人々の記憶に残され、正当化されたのである。

このようにして中世後期の封建制は、その儀礼により、大きな政治的影響力を持った。つまり儀礼が、帝国の複雑な秩序を目に見えるものとし、個々の授封の儀礼において、繰り返し、その秩序を新たに提示したのである。カール・ハインツ・シュピースの研究(118)が、帝国諸侯の授封にとっての儀礼の意義を明らかにしたが、彼によれば儀礼の意義は、たとえばウルリヒ・フォン・リッヒェンタールが『コンスタンツ公会議の年代記』(119)で記述した以下の事例で明確に見て取れる。ウルリヒは、一四一七年四月一八日にコンスタンツで行われた、ブルクグラーフのフリードリヒに対するブランデンブルク辺境伯位の授封儀礼の記述を残している。ウルリヒによれば、このとき、すべての者がこの儀礼を見ることができるように大きな壇が作られた。そこに登壇したジギスムント王が王冠を被ることで帝国の頭を象徴していた。同じく登壇したファルツ、ザクセン、バイエルンの選帝侯は自身の官職の象徴物だけでなく、帝国の象徴物、つまり帝国の剣、帝国の宝珠、笏をそれぞれ持ち、それにより、彼らは王を頭とする帝国の身体の四肢を象徴していた。ブルクグラーフのフリードリヒは、壇上の王の前で跪き、封を受領する際の誓約を行った。続いて王は彼に対し、自身が持参した二つの旗を、ブランデンブルク辺境伯とニュルンベルクのブルクグラーフの位の象徴物として彼に授与した。

この儀礼は、帝国を頭と四肢のある身体として可視化し、そのイメージを強化し、同時に王、選帝侯、侯の間の階層秩序を確認するものであった。換言すればこの儀礼は、書かれた形で定式化されていなかった国制の秩序を初めて明らかにしたといえよう。儀礼に関与した者のしぐさがいかに重要な意味をもったかについては、カール・ハインツ・シュピースが指摘している。それによれば、ある諸侯は、通常、女性の前か教会でしか膝を曲げたことがなかったが、叙任の際に躊躇しつつも跪く儀礼を例外的に行った例がある。また、王と争っていたファルツ選帝侯フリードリヒなどの多くの諸侯は、王に対して跪くことを避け、彼の封の確認をあきらめることになった。このように、諸侯にとり叙任の儀礼は、中世後期の封建制においてきわめて重要な要素になった。

五　まとめ――地域社会と深く関わる封建制の歴史

この章では狭くドイツだけを扱ったが、この研究にはなお重要な課題が残されている。それは、中世後期ヨーロッパの異なる地域における封の実践を比較し、さらにヨーロッパ内で封に関する知と実践がどのような形で伝わり、影響を与えたかを描き、分析することである。

ただドイツだけの狭い考察からでも、以下のことは十分にいうことができる。すなわち、封と家臣制の問題は、社会、経済、法、政治の歴史と無関係なものとしては分析も説明もできない、ということだ。また、誰がどのような目的で、どのような結果を期待して、封を授与し受け取ったのかは、具体的な権力関係や、それに適用される法、関与者の財源や社会的地位によって違う。言い換えれば、封と家臣制の歴史は、社会、経済、法、政治の歴史と広く関わる歴史である。そのための分析は、中世後期でもなお国民国家のような地理的な枠組みを前提にはできない。なぜなら、ドイツだけでなくヨーロッパの他の諸地域でも、この問題はそれぞれの地域の伝統と深く関わっているからだ。

第五章　結び——ヨーロッパでの多様な封建制の出現

ドイツ語の「封建制（Lehnswesen）」という言葉は複数形では使われない。しかし、仮に複数形を使ってもよいとすれば、個々の地域の多様性がある以上、複数形の使用がふさわしい。つまり、封建制といってよい制度が、ほぼ一一世紀以降——地域により時期の違いがあっても——ヨーロッパの多くの地域で、すべての地域ではないにしろ出現するが、その多様な類型と特徴を一つの共通分母に帰することは難しいからである。ともあれ、何が封建制の本質だったのかと問われれば、その本質は何よりも、封建法に規定された土地とそれに付随する諸権利だといえる。その上で、個々の封には多様性や変種が存在し、また、封は他の土地貸与の形態——借地料収入、地代収入、抵当としての利用、給与や傭兵への支払いのための利用——にも流動的に変容していったことも十分に考慮しなければならない。また、封建制は一二世紀になってから次第に形成されたが、それは地域的に異なる形態を取った。とくに帝国のアルプス以北の地域では、人々は封と家臣制に対して他の地域と違う態度で関わってきた。そこでは封建法とみなされたものが異なっていた。ヨーロッパ的な範囲で封建制を考察しようとすれば、こうした相違を考慮しなければならないだろう。

私が初めにスケッチした封建制の古典的なモデルは多くの問題を孕んでいる。それは中世盛期のフランドルにおける封と家臣制に関心を持つ者にとってのみ有用なモデルである。「封建制」というタイトルを持った書物の終わりに、このようにいうのは身勝手に思われるかもしれないが、実際には、封建制の概念は歴史家にとり、ほとんど歴史の実態解明の助けにならず、むしろ警戒すべきものである。その概念は階層秩序的な体系を前提としているので、個々の地域の歴史に目を向ければ、封建制、封、家臣制の視点から考察することが役に立たない場合が多い。歴史家が封建制として描く現象は、あまりにも相互に異なっている。封建制の概念に固執せずに、我々は可能なかぎり正確に、人々がヨーロッパの様々な時代と地域で、財産、諸権利、その諸関係について、どのように考え、語ったかを分析すべきであろう。それが、今後の歴史学にとっての大きな課題となる。

訳者あとがき

この訳書は、ドイツのチュービンゲン大学中世史教授シュテフェン・パツォルト（Steffen Patzold）が書いた『レーエン制（Das Lehenswesen）』の翻訳である。原著は学生向けに書かれた新書判の概説書であるが、文献目録はあるものの注がまったくないので、内容の理解を助けるために訳者が注を付け、本文中で言及される研究の典拠や補足すべき情報を補った。また、訳書の日本語タイトルは原著のまま『レーエン制』とせず、『封建制の多面鏡――「封」と「家臣制」の結合』とした。その理由は、本書を一読すればわかるように、レーエン制としての封建制が「封」と「家臣制」の結合から中世ヨーロッパ各地で多様な形で出現し、さらにその後、近代に至るまで「封建制」の概念がそれぞれの時代状況の中で、「多面鏡に映るがごとくに」異なる像を形成してきた過程が論述されているからである。

また、本訳書ではレーエン制を封建制と訳したが、ここで改めてレーエン制と封建制の言葉の定義を明確にしておきたい。本書で著者もいうように、封建制という言葉が歴史学で用いられる場合、ドイツ語でレーエン制と呼ばれる狭い意味での封建制――主君が家臣に「封」を授与しその見返りに軍役などの奉仕を求める「封」と「家臣制」とが結合した制度――としての意味と、領主制を基盤とする社会の全体構造を表す、より広い意味での封建制――マルクス主義歴史学の発展段階論や社会経済史の研究、あるいはフランスの中世史研究などで使用されてきた概念――としての意味がある。著者パツォルトが本書で対象とするのは、狭い意味での封建制であり、それについての古い研究が、スーザン・レナルズ以降の新しい研究により、いかに批判され、修正されてきたかが論じられる。この訳書では、原著でのレーエン制という言葉を、より日本語として理解しやすい封建制という言葉で訳していることを改めてお断りしておきたい。

ともあれ本書は、一九世紀半ば以降、ヨーロッパの歴史学において最も盛んに議論された問題の一つである封建制について、それが現在、どのような研究状況にあるかを西欧の地域を見渡しながら概観するものであり、封建制研究の動向を知るための格好の案内書となっている。

本書での重要な議論として、何よりまず指摘しておきたいことは、ガンスホフらの古い研究では、封建制はカロリング期に成立するものと想定されていたが、レナルズとその後の研究により、その成立期が初期中世ではなく、それよりも遅い一一世紀から一二世紀の時期であることが現在の中世史研究では共通認識となっていることである。我が国の世界史の概説書や辞典などではいまだに、封建制はカロリング期に成立したとの記述もあり、このことは改めて確認しておく必要があろう。

さらに本書での重要な論点は、西欧の各地で一一世紀以降に出現する封建制について、それが一つのプロトタイプからの派生物として考えられるのではなく、各地域で同時期に別々に出現する現象であることを最近の研究を紹介し指摘することだ。フランドル、北イタリア、南フランス、カタロニアなどで出現する「封」と「家臣制」の結合が、それぞれ個性的なものとして独立的に誕生していることが描かれ、封建制が教科書でよく図示されるような、階層秩序のモデルに還元できない多様性を孕むものであることが明らかにされる。さらに本書では、ドイツでの研究成果を紹介しつつ、封建制の最盛期を中世後期から一六世紀とする展望を提示しているが、この問題は今後、さらに深められるべき重要なテーマと思われる。

ともあれ本書は、スーザン・レナルズの批判的研究がどのような意味を持つのか、また、彼女の研究の出現以降、西欧各地の封建制に関する研究がどのように進展してきたのかについての手際のよい概説となっている。

以下では、本書の内容の理解を容易にするために重要な論点を要約しておきたい。

第一章「封建制の研究史」は、本書が対象とする封建制についての研究史を扱う。まず、一九世紀ドイツの法制史学者たちが本格的な研究を開始し、その後、ベルギー人の歴史家ガンスホフが『封建制度』において、封建制の体系的なモデルを提示したが、スーザン・レナルズが一九八四年に『封と家臣』を出版して以降、そのモデルが根本的に批判されるようになった状況を研究史的に辿る。

第二章「八、九世紀のフランク王国」では、カロリング期についての新しい研究を提示する。古い研究がカロリング期の封建制の証拠としてきた「家臣」、「恩貸地」などの言葉は、史料の文脈を精査すれば、「封」を媒介にした「家臣制」的な主従関係の設定を表す言葉とはいえない。この時代に「家臣制」と結びつく「封」はまだなく、「恩貸地」は、古代ローマから続く土地貸与の一形態の「プレカリア」契約による貸与地などを意味しており、「恩貸地」が言及される文脈ごとに、それがどのような土地貸与の形態を意味するのか検討する必要がある。また「家臣」もカロリング期には、「封」を授与された「家臣」を意味するものではなく、広く国王や有力者への奉仕者・従者を意味する言葉であった。このような考察から、フランク王権がエリートたちを封建制の絆で自身のもとに結合していたという古い学説は証明できないことを指摘する。

第三章「一〇～一二世紀の「封」と「家臣」」では、封建制の誕生地がカロリング朝フランク王国ではなく、一一世紀から一二世紀にかけての北イタリア、南フランス、カタロニア、フランドルなどに求められることを論じる。まず北イタリアでは、一〇三七年に皇帝コンラート二世が自身の北イタリア遠征に際し、北イタリアでの騎士たちの争いを解決すべく『封の定め』を布告し、「封」の授受による主従関係の設定を明確に定めている。この時期には様々な土地貸与の形態があったものの、それらの中から封建制のモデルに近い軍事義務を伴う「封」の出現が見て取れる。さらに一二世紀に入ると、北イタリアではローマ法の専門家たちが「封」の議論を体系化し、「封」に関する最初の詳細な規定である『封の書』が書かれ、これにより初めて封建制は法的な制度として誕生する。

本書は続いてフランドルを扱う。著者によれば、レナルズの研究は、その地理的な枠組をドイツ、イタリア、フランス、イングランドといった国民国家的な視点で設定し、フランドルを独立した地域として扱わなかったため、その重要性が見落とされたことを指摘し、フランドルでは一一世紀初頭以降、「封」と「家臣制」の結合が見出され、封建制が社会の組織原理の一形態として機能していたと述べる。

次にはカタロニアと南フランスへと目を向けるが、これらの地域でも一一世紀の文書で「封」と「家臣制」の結合が見て取れる。カタロニアと南フランスでは一一世紀に、土地所有と奉仕義務が結合する多くの証書が作成された。ボナシは、一一世紀のカタロニアで作成された、主君と家臣の間の権利と義務を定める二万通以上の「協定」文書を発見したが、「封」と「家臣制」の結合を示す文書は、南フランスのラングドック地方でも一一世紀以降に出現する。

またカタロニアと南フランスの封建制の研究の進展には、フランス史学で盛んに論じられた「封建的変動」の議論が深く関係していることが指摘される。「封建的変動」の議論とは、カロリング的な公的秩序の解体後の紀元一〇〇〇年頃、在地領主層がその罰令権を梃子にしながら、小領域単位の支配圏を確立していく過程に封建制の成立を見る議論であるが、一九八〇年代末にギイ・ボワがその著書『紀元一〇〇〇年の変革』で紀元一〇〇〇年前後の変化を「封建革命」と呼んだことにより封建制の新しい見方として広まり、その後、ポリ・ブールナゼルの『封建的変動』により議論はさらに発展した。重要な点は、この「封建的変動」の議論が、狭義の封建制の研究とは異なる研究の潮流から発したものであることだ。それは、マルク・ブロックの『封建社会』以降、フランス史学の伝統になった、社会構造全体を封建社会として捉える分析、すなわち、広い意味での封建制の理解の系譜にある議論であり、城主支配圏を確立した強力な領主層の出現に新しい封建社会の成立を見る議論である。この「封建的変動」の議論が、カタロニアと南フランスの封建制に関する契約文書研究を促すきっかけとなった。

続いて本書が扱うのは、帝国のアルプス以北の地域いわゆるドイツである。古い研究では、叙任権闘争がドイツの「封建化」のきっかけとされた。一九世紀ドイツで国民統合への期待を背景にして行われた研究では、「ヴォルムス協約」とともに封建制による司教権力の帝国国制への結合が始まるとされた。しかし「ヴォルムス協約」の段階では、「封」と「家臣制」の結合はいまだ存在しないことを近年の研究は明らかにした。ドイツにおいて封建制が芽生えるのは、フリードリヒ一世バルバロッサの統治からである。バルバロッサの統治の開始期に、皇帝と教皇は相互の関係を封建制の枠組で議論するようになる。また、ハインリヒ獅子公に対する裁判では、両者の封建法的な関係についても裁判がなされた。また、『小特許状』によるオーストリアの大公領昇格は、大公領を「封」として授与する慣習が初めて証書で明文化されたことを意味する。そして何よりも、バルバロッサの時代の封建制誕生を象徴的に表す出来事は、北イタリアの法学者たちが封建法の最初の体系化である『封の書』を編纂したことであった。

続いてイングランドが扱われる。古い研究は一〇六六年のノルマン征服とともにノルマン人が高度に発展した封建制をイングランドに導入し、一二世紀末までに「封」と「家臣制」が結合した社会になると仮定してきた。だが実際には、ノルマン人が一〇六六年に教科書に描かれるような完全な封建制を実現することはなかった。イングランドで“feodum”として記される所領は自由人の土地に近く、また、ノルマン征服以前から続く王の官僚による王国支配も存続していたことが指摘される。

著者は第三章のまとめとして、一一世紀以来、ヨーロッパの多くの地域で、何らかの形で「封」と「家臣制」の結合が出現すると述べる。したがって、封建制の誕生期は初期中世ではなく一一世紀に求められるべきで、一一世紀以降の西欧世界での大きな社会変動の中、封建制は新しい人的な結合のあり方として誕生したといえる。

第四章「一三～一六世紀のドイツにおける「封」と「家臣」」では、封建制が一三世紀にその最盛期を過ぎ、その後の国家・領邦形成には積極的な役割を果たさなかったという、古い議論を批判する。とくに批判されるのはミッタイスの授封強制説である。つまり、ドイツでは授封強制があったために、国王がフランスのように「封」を集積して国家を中央集権化できなかったという説を批判する。著者は最近の研究に依拠しながら、ドイツでも封建制は、中世後期から近世に王権や領邦の統治に重要な役割を果たしていたことを述べる。そして、中世後期から一六世紀までを封建制の最盛期とみなすことができるのではないか、という問題提起を行っている。

本書の最後の結論で、封建制が一つの共通分母に帰することはできない多様性を持つということがいわれる。なぜなら、「封」には多様な形態があり、変種もいろいろと存在したからだ。また、「封」は他の土地貸与の形態と明確に区分されるものではなく、境界はつねに流動的であった。さらに、封建制は、王を頂点とする階層秩序的な体系として理解すべきものではない。なぜなら、明確な階層秩序を前提にすれば、地域ごとの封建制の多様性が解明できなくなるからである。だが、封建制の概念はヨーロッパ史研究にとり、無用なものではない。封建制は、その多様なあり方を認識し、再定義することを通じて、中世の制度を分析するための重要な概念であり続けると、著者は最後に強調する。

以上が、本書の内容の簡単な紹介である。この訳書を通じて、我が国でも西欧中世の封建制に対する関心が再び高まり、議論が活性化することを願っているが、なぜ訳者がこのような封建制研究の現状を概観する書物の翻訳を思い立ったのか、その個人的なきっかけを最後に書き留めておきたい。

それは、二〇一四年一二月に早稲田大学小野記念講堂で開催された「朝河貫一と日本中世史研究の現在」と題されたシンポジウムで、報告へのコメンテーターを依頼されたことによる。このときのシンポジウムでは、朝河貫一の「入来文書」の研究や荘園研究に関する日本中世史研究者による報告があり、それまで私自身が不勉強だった日本中世史の問題に関して多くの知識を得ることができた。しかしその際に、日本中世史の報告者の一人から次のような話があったことに驚いた。それは、日本中世史の分野では、封建制の概念の限界性が指摘されており、日本・ヨーロッパ・東アジアの歴史を比較することや、古代・中世・近世といった時代区分を考えることはすでに歴史学の現状からみれば困難である、という指摘であった。

私自身はこのシンポジウムに参加するまで、日本中世史の分野で、封建制が分析概念としての意味を失っているという議論があるのを知らなかったが、このシンポジウムの後、いろいろと文献を読むうちに、確かに日本中世史の専門家たちが、封建制が史料に出る言葉でもなく、また西欧中世史から借用概念であるので日本中世史研究では廃棄すべきだ、という主張を行っていることを知った。

しかし、明治以降、日本中世史研究から生み出された多くの成果が封建制に関わるものであったことを考えれば、近年の日本中世史研究での封建制概念廃棄の潮流は、何か極端な反動にもみえる。また、それ以上に疑問に感じるのは、日本中世史研究で廃棄しようとしている封建制概念が、レーエン制的な

「封」と「家臣制」の結合なのか、広い意味での社会構成体全体を包摂する封建制のことなのか、その概念的区別の精緻な議論がないことである。実際、かなり以前には、日本中世史の側でも封建制の概念整理を行い、日本での封建制は西欧中世と比較し、どのように違うのかを熱心に議論した時期もあったと思うので、その点が残念である。

ともあれ、このパツォルトの書物が論じるような「封」と「家臣制」との結合としての封建制と類似した現象が、西欧中世のみならず日本中世も含め、貨幣経済が浸透していない農耕社会において存在したことは過去に多くの歴史家が指摘してきたことである。たとえば、イェール大学の歴史学教授となった朝河貫一は、日欧の比較封建制研究を生涯のテーマとしながら、西欧中世の「封」と「家臣制」の結合としての封建制と比較しつつ、南九州の「入来院文書」を読み解き、日本中世にも西欧と類似のレーエン制的な封建制が存在したことを一九二九年刊行の英文著作『入来文書（The Documents of Iriki）』で欧米の歴史学界に提示した。しかしその後、百年近く経った現在、朝河貫一の時代になされた日欧封建制比較の議論は史学史として回顧することはあっても、こうした比較を現実の研究上のテーマとして考える研究者は我が国ではほとんど存在しないのが現状である。

だが、日本の国内の歴史学の状況とは違って、近年のヨーロッパで行われる中世史研究のプロジェクトをみれば、西欧の中世だけでなく日本の中世も比較の対象とした企画が増えている。私自身が関わった例でいえば、イタリア人研究者との「中近世キリスト教世界の宗教と暴力」をテーマとしたワークショップで、日本の事例も比較対象として考察した。その他、現在のヨーロッパで行われているプロジェクトの中には、西欧の教会と日本の寺社の寄進行為の比較研究など、日欧中世の土地制度の比較を視野に入れるものもある。今後、「マナー（西欧の荘園）」と「日本の荘園」の比較とか、日欧間の「封」と「家臣制」の比較なども、新しい視点を取り入れれば、共同研究の対象たり得るのではないだろうか。

いずれにせよ、歴史学の目的が、最終的に史料のたんなる羅列ではなく、史料の解釈や概念による分析である以上、西欧中世と日本中世を比較することからは、意外に新鮮な分析視角が明らかになるように思える。本書のような西欧の封建制の概説も、西欧中世史に関心を持つ人々だけでなく、日本中世史に関心を持つ人々にも読まれれば、中世社会の新たな分析の視点が得られるかもしれない。ともあれ本書が、西欧中世史の専門家以外の、封建制に関心をもつ読者にも知的な刺激を与えることができれば望外の幸せである。

最後になったが、出版をめぐる状況がますます厳しい中、このような専門書の翻訳を快くお引き受けいただいた刀水書房社長の中村文江氏と編集作業でお世話になった柿澤樹希也氏には心よりお礼申し上げる。

二〇二三年四月

甚野尚志

1782-1858.

(117) K. H. Spiess, *Das Lehenswesen in Deutschland im hohen und späten Mittelalter,* 2., verb. Aufl. Stuttgart 2009.

(118) K. H. Spiess, "Kommunikationsformen im Hochadel und am Konigshof im Spätmittelalter," in: ed. G. Althoff, *Formen und Funktionen öffentlicher Kommunikationen im Mittelalter*, Stuttgart 2001, 261-290.

(119) ed. Thomas Martin Buck, *Ulrich Richental*, *Die Chronik des Konzils von Konstanz* (= *MGH Digitale Editionen Band 1*), München 2019.

刀水歴史全書 —歴史・民族・文明—

四六上製　平均300頁　随時刊　（価格は税別　書名末尾の☆は「電子ブックあり」のマーク）

樺山紘一

1 **カタロニアへの眼**（新装版）☆

歴史・社会・文化

1979, 2005(新装版)　000-X　四六上製　289頁＋口絵12頁　￥2300

西洋の辺境，文明の十字路カタロニアはいかに内戦を闘い，なぜピカソら美の巨人を輩出したか。カタロニア語を習い，バルセロナに住んで調査研究した歴史家によるカタロニア文明論

R. C. リチャードソン／今井　宏訳

2 **イギリス革命論争史**

1979　001-8　四六上製　353頁　￥2200

市民革命とは何であったか？　同時代人の主張から左翼の論客，現代の冷静な視線まで，革命研究はそれぞれの時代,立場を反映する。論者の心情をも汲んで著された類書のない学説史

山崎元一

3 **インド社会と新仏教**☆

アンベードカルの人と思想〔付〕カースト制度と不可触民制

1979　＊002-7　四六上製　275頁　￥2200

ガンディーに対立してヒンドゥーの差別と闘い，インドに仏教を復興した不可触民出身の政治家の生涯。日本のアンベードカル研究の原典であり，インドの差別研究のほとんど最初の一冊

G. バラクロウ編／木村尚三郎解説・宮島直機訳

4 **新しいヨーロッパ像の試み**［品切］

中世における東欧と西欧

1979　003-4　四六上製　258頁　￥2330

最新の中世史・東欧史の研究成果を背景に，ヨーロッパの直面する文明的危機に警鐘を鳴らした文明史家の広ヨーロッパ論。現代のヨーロッパの統一的傾向を最も早く洞察した名著。図版127点

W. ルイス，村上直次郎編／富田虎男訳訂

5 **マクドナルド「日本回想記」**☆

［再訂版］　インディアンの見た幕末の日本

1979　＊005-8　四六上製　313頁　￥2200

日本をインディアンの母国と信じて密航した青年の日本観察記。混血青年を優しくあたたかく遇した幕末の日本と日本人の美質を評価。また幕末最初の英語教師として評価されて，高校英語教科書にものっている

J. スペイン／勝藤　猛・中川　弘訳

6 **シルクロードの謎の民**

パターン民族誌

1980　006-9　四六上製　306頁　￥2200

文明を拒否して部族の掟に生き，中央アジア国境地帯を自由に往来するアフガン・ゲリラの主体パターン人，かつてはイギリスを，近くはロシアを退けた反文明の遊牧民。その唯一のドキュメンタルな記録

B. A. トゥゴルコフ／加藤九祚解説・斎藤晨二訳

7 **トナカイに乗った狩人たち**

北方ツングース民族誌

1981　024-7　四六上製　253頁　￥2233

広大なシベリアのタイガを漂泊するエベンキ族の生態。衣食住，狩猟・遊牧生活から家族，氏族，原始文字，暦，シャーマン，宇宙観まで。ロシア少数民族の運命

G. サルガードー／松村　赳訳

8 **エリザベス朝の裏社会**

1985　060-3　四六上製　338頁　￥2500

シェイクスピアの戯曲や当時のパンフレット“イカサマ読物”“浮浪者文学”による華麗な宮廷文化の時代の裏面。スリ・盗賊・ペテン師などの活躍する新興の大都会の猥雑な現実

P. F. シュガー, I. J. レデラー 編／東欧史研究会訳

9 **東欧のナショナリズム**
歴史と現在
1981 025-5 四六上製 578頁 ¥4800

東欧諸民族と諸国家の成立と現在を，19世紀の反トルコ・反ドイツ・反ロシアの具体的な史実と意識のうえに捉え，東欧紛争の現在の根源と今後の世界のナショナリズム研究に指針を与える大著

R. H. C. デーヴィス／柴田忠作訳

10 **ノルマン人** ［品切］
その文明学的考察
1981 027-1 四六上製 199頁 ¥2233

ヨーロッパ中世に大きな足跡をのこしたヴァイキングの実像を文明史的に再評価し，ヨーロッパの新しい中世史を構築する第一人者の論究。ノルマン人史の概説として最適。図版70余点

中村寅一

11 **村の生活の記録** （下）［品切］
(上)上伊那の江戸時代 (下)上伊那の明治・大正・昭和
1981 028-X 029-8 四六上製 195頁, 310頁 ¥1845 ¥1800

村の中から村を描く。柳田・折口体験をへて有賀喜左衛門らとともに，民俗・歴史・社会学を総合した地域史をめざした信州伊那谷の先覚者の業績。中央に追従することなく，地域史として独立し得た数少ない例の一つ

岩本由輝

12 きき書き**六万石の職人衆**
相馬の社会史
1980 010-7 四六上製 252頁 ¥1800

相馬に生き残った100種の職人の聞き書き。歴史家と職人の心の交流から生れた明治・大正・昭和の社会史。旅職人から産婆，ほとんど他に見られない諸職が特に貴重

13 （缺番）

田中圭一

14 **天領佐渡** （1）［品切］
(1)(2)村の江戸時代史 上・下(3)島の幕末
1985 061-1, 062-X, 063-8 四六上製 (1)275頁 (2) 277頁 (3) 280頁 (1)(2) ¥2000 (3)¥2330

戦国末～維新のムラと村ビトを一次史料で具体的に追求し，天領の政治と村の構造に迫り，江戸～明治の村社会と日本を発展的にとらえる。民衆の活躍する江戸時代史として評価され，新しい歴史学の方向を示す

岩本由輝

15 **もう一つの遠野物語** ［追補版］☆
（付）柳田國男南洋委任統治資料六点
1994 ＊130-7 四六上製 275頁 ¥2200

水野葉舟・佐々木喜善によって書かれたもう一つの「遠野物語」の発見。柳田をめぐる人間関係，「遠野物語」執筆前後の事情から山人～常民の柳田学の変容を探る。その後の柳田学批判の先端として功績は大きい

森田安一

16 **スイス** ［三補版］☆
歴史から現代へ
1980, 1995（三補版） 159-6 四六上製 304頁 ¥2200

13世紀スイス盟約者団の成立から流血の歴史をたどり，理想の平和郷スイスの現実を分析して新しい歴史学の先駆と評価され，中世史家の現代史として，中世から現代スイスまでを一望のもとにとらえる

樺山紘一・賀集セリーナ・富永茂樹・鳴海邦碩

17 **アンデス高地都市** ［品切］
ラ・パスの肖像
1981 020-4 四六上製 図版多数 257頁 ¥2800

ボリビアの首都ラ・パスに展開するスペイン，インディオ両文明の相克。歴史・建築・文化人類・社会学者の学際協力による報告。図版多数。若く多才な学者たちの協力の成功例の一つといわれる

A. ノーヴ／和田春樹・中井和夫訳　[品切]

18 **スターリンからブレジネフまで**
ソヴェト現代史
1983　043-3　四六上製　315頁　¥2427

スターリン主義はいかに出現し，いかなる性格のものだったか？　冷静で大胆な大局観をもつ第一人者による現代ソ連研究の基礎文献。ソ連崩壊よりはるか前に書かれていた先覚者の業績

19 （缺番）

増井經夫

20 **中国の歴史書**
中国史学史
1984　052-2　四六上製　298頁　¥2500

内藤湖南以後誰も書かなかった中国史学史。尚書・左伝から梁啓超，清朝野史大観まで，古典と現代史学の蘊蓄を傾けて，中国の歴史意識に迫る。自由で闊達な理解で中国学の世界に新風を吹きこむ。ようやく評価が高い

G. P. ローウィック／西川　進訳

21 **日没から夜明けまで**
アメリカ黒人奴隷制の社会史
1986　064-6　四六上製　299頁　¥2400

アメリカの黒人奴隷は，夜の秘密集会を持ち，祈り，歌い，逃亡を助け，人間の誇りを失わなかった。奴隷と奴隷制の常識をくつがえす新しい社会史。人間としての彼らを再評価するとともに，社会の構造自体を見なおすべき衝撃の書

山本　新著／神川正彦・吉澤五郎編

22 **周辺文明論**
欧化と土着
1985　066-2　四六上製　305頁　¥2200

文明の伝播における様式論・価値論を根底に，ロシア・日本・インド・トルコなど非西洋の近代化＝欧化と反西洋＝土着の相克から現代の文明情況まで。日本文明学の先駆者の業績として忘れ得ない名著

小林多加士

23 **中国の文明と革命**
現代化の構造
1985　067-0　四六上製　274頁　¥2200

万元戸，多国籍企業に象徴される中国現代の意味を文化大革命をへた中国の歴史意識の変革とマルキシズムの新展開に求める新中国史論

R. タカキ／富田虎男・白井洋子訳

24 **パウ・ハナ**
ハワイ移民の社会史
1986　071-9　四六上製　293頁　¥2400

ハワイ王朝末期に，全世界から集められたプランテーション労働者が，人種差別を克服して，ハワイ文化形成にいたる道程。著者は日系３世で，少数民族・多文化主義研究の歴史家として評価が高い

原田淑人

25 **古代人の化粧と装身具**
1987　076-X　四六上製　図版180余点　227頁　¥2200

東洋考古学の創始者，中国服飾史の開拓者による古代人の人間美の集成。エジプト・地中海，インド，中央アジアから中国・日本まで，正倉院御物に及ぶ美の伝播，唯一の概説書

E. ル・ロワ・ラデュリ／井上幸治・渡邊昌美・波木居純一訳

26 **モンタイユー**（上）（下［新装版］）
ピレネーの村　1294～1324
(上)1990 (下)2021　＊086-7 ＊471-1　四六上製　367頁 425頁　¥2800 ¥3300

アナール派第３世代の代表作！　法王庁に秘蔵された異端審問記録から中世南仏の農村生活を人類学的手法で描き，フランス文学最高のゴンクール賞を受賞した。1975年本書刊行以来フランスで社会史ブームを巻き起こした

ダヴ・ローネン／浦野起央・信夫隆司訳

27 **自決とは何か** ［品切］

ナショナリズムからエスニック紛争へ

1988 095-6 四六上製 318頁 ¥2800

自殺ではない。みずからを決定する自決。革命・反植民地・エスニック紛争など，近現代の激動を"自決 Self-determination への希求"で解く新たなる視角。人文・社会科学者の必読書

メアリ・プライア編著／三好洋子編訳

28 **結婚・受胎・労働** ［品切］

イギリス女性史1500～1800

1989 099-9 四六上製 270頁 ¥2500

イギリス女性史の画期的成果。結婚・再婚・出産・授乳，職業生活・日常生活，日記・著作。実証的な掘り起こし作業によって現れる普通の女性たちの生活の歴史

M. I. フィンレイ／柴田平三郎訳

29 **民主主義―古代と現代** ［品切］

1991 118-9 四六上製 199頁 ¥2816

古代ギリシア史の専門家が思想史として対比考察した古代・現代の民主主義。現代の形骸化した制度への正統なアカデミズムからの警鐘であり，民主主義の本質に迫る一書

木崎良平

30 **光太夫とラクスマン**

幕末日露交渉史の一側面

1992 134-0 四六上製 266頁 ¥2524

ひろく史料を探索して見出した光太夫とラクスマンの実像。「鎖国三百年史観」をうち破る新しい事実の発見が，日本の夜明けを告げる。実証史学によってはじめて可能な歴史の本当の姿の発見

青木　豊

31 **和鏡の文化史** ［品切］

水鑑から魔鏡まで

1992 139-1 四六上製 図版300余点 305頁 ¥2500

水に顔を映す鏡の始まりから，その発達・変遷，鏡にまつわる信仰・民俗，十数年の蓄積による和鏡に関する知識体系化の試み。鏡に寄せた信仰と美の追求に人間の実像が現れる

Y. イチオカ／富田虎男・粂井輝子・篠田左多江訳

32 **一　世**

黎明期アメリカ移民の物語り

1992 141-3 四六上製 283頁 ¥3301

人種差別と排日運動の嵐の中で，日本人留学生，労働者，売春婦はいかに生きたか。日系アメリカ人一世に関する初の本格的研究の始まり，その差別と苦悩と忍耐を見よ（著者は日系二世）

鄧　搏鵬／後藤均平訳

33 **越南義烈史**☆

抗仏独立運動の死の記録

1993 143-X 四六上製 230頁 ¥3301

19世紀後半，抗仏独立闘争に殉じたベトナムの志士たちの略伝・追悼文集。反植民地・民族独立思想の原点（1918年上海で秘密出版）。東遊運動で日本に渡った留学生200人は，やがて日本を追われ，各地で母国の独立運動を展開して敗れ，つぎつぎと斃れるその記録

D. ジョルジェヴィチ, S. フィシャー・ガラティ／佐原徹哉訳

34 **バルカン近代史**

ナショナリズムと革命

1994 153-7 四六上製 262頁 ¥2800

かつて世界の火薬庫といわれ，現在もエスニック紛争に明け暮れるバルカンを，異民族支配への抵抗と失敗する農民蜂起の連続ととらえる。現代は，過去の紛争の延長としてあり，一朝にして解決するようなものではない

C. メクゼーパー, E. シュラウト共編／瀬原義生監訳, 赤阪俊一・佐藤専次共訳

35 **ドイツ中世の日常生活**

騎士・農民・都市民

1995 ＊179-6 四六上製 205頁 ¥2800

ドイツ中世史家たちのたしかな目が多くの史料から読みとる新しい日常史。普通の"中世人"の日常と心性を描くが，おのずと重厚なドイツ史学の学風を見せて興味深い

神山四郎 ［比較文明学叢書 1］

36 **比較文明と歴史哲学**

1995 182-0 四六上製 257頁 ￥2800

歴史哲学者による比較文明案内。歴史をタテに発展とみる旧来の見方に対し，ヨコに比較する多系文明の立場を推奨。ボシュエ，ヴィコ，イブン・ハルドゥーン，トインビーと文明学の流れを簡明に

神川正彦 ［比較文明学叢書 2］

37 **比較文明の方法**

新しい知のパラダイムを求めて

1995 184-7 四六上製 275頁 ￥2800

地球規模の歴史的大変動の中で，トインビー以降ようやく高まる歴史と現代へのパースペクティヴ，新しい知の枠組み，学の体系化の試み。ニーチェ，ヴェーバー，シュペングラーを超えてトインビー，山本新にいたり，原理と方法を論じる

B. A. トゥゴルコフ／斎藤晨二訳

38 **オーロラの民**

ユカギール民族誌

1995 183-9 四六上製 220頁 ￥2800

北東シベリアの少数民族人口1000人のユカギール人の歴史と文化。多数の資料と現地調査が明らかにするトナカイと犬ぞりの生活・信仰・言語。巻末に調査報告「ユカギール人の現在」

D. W. ローマックス／林 邦夫訳

39 **レコンキスタ**

中世スペインの国土回復運動

1996 180-4 四六上製 314頁 ￥3300

克明に史実を追って，800年間にわたるイスラム教徒の支配からのイベリア半島奪還とばかりはいいきれない，レコンキスタの本格的通史。ユダヤ教徒をふくめ，三者の対立あるいは協力，複雑な800年の情勢に迫る

A. R. マイヤーズ／宮島直機訳

40 **中世ヨーロッパの身分制議会** ［品切］

新しいヨーロッパ像の試み（2）

1996 186-3 四六上製 214頁 ￥2800

各国の総合的・比較史的研究に基づき，身分制議会をカトリック圏固有のシステムととらえ，近代の人権思想もここから導かれるとする文化史的な画期的発見，その影響に注目が集まる。図写79点

M. ローランソン，J. E. シーヴァー／白井洋子訳

41 **インディアンに囚われた白人女性の物語**

1996 195-2 四六上製 274頁 ￥2800

植民地時代アメリカの実話。捕虜となり生き残った2女性の見たインディアンの心と生活。牧師夫人の手記とインディアンの養女となった少女の生涯。しばしば不幸であった両者の関係を見なおすために

木崎良平

42 **仙台漂民とレザノフ**

幕末日露交渉史の一側面No. 2

1997 198-7 四六上製 261頁 ￥2800

日本人最初の世界一周と日露交渉。『環海異聞』などに現れる若宮丸の遭難と漂民16人の数奇な運命。彼らを伴って通商を迫ったロシア使節レザノフ。幕末日本の実相を歴史家が初めて追求した

U. イム・ホーフ／森田安一監訳，岩井隆夫・米原小百合・佐藤るみ子・黒澤隆文・踊共二共訳

43 **スイスの歴史**

1997 207-X 四六上製 308頁 ￥2800

日本初の本格的スイス通史。ドイツ語圏でベストセラーを続ける好著の完訳。独・仏・伊のことばの壁をこえてバランスよくスイス社会と文化を追求，現在の政治情況に及ぶ

E. フリート／柴嵜雅子訳

44 **ナチスの陰の子ども時代**

あるユダヤ系ドイツ詩人の回想

1998 203-7 四六上製 215頁 ￥2800

ナチスの迫害を逃れ，17歳の少年が単身ウィーンからロンドンに亡命する前後の数奇な体験を中心にした回想録。著者は戦後のドイツで著名なユダヤ系詩人で，本書が本邦初訳

今谷明・大濱徹也・尾形勇・樺山紘一・木畑洋一編

45 20世紀の歴史家たち

⑴日本編(上) ⑵日本編(下) ⑸日本編(続) ⑶世界編(上) ⑷世界編(下)

1997～2006　四六上製　平均300頁　各￥2800

歴史家は20世紀をどう生きたか，歴史学はいかに展開したか。科学としての歴史学と人間としての歴史家，その生と知とを生々しく見つめようとする。書かれる歴史家と書く歴史家，それを読む読者と三者の生きた時代

日本編(上) 1997 211-8

1 徳富蘇峰（大濱徹也）
2 白鳥庫吉（窪添慶文）
3 鳥居龍蔵（中薗英助）
4 原　勝郎（樺山紘一）
5 喜田貞吉（今谷　明）
6 三浦周行（今谷　明）
7 幸田成友（西垣晴次）
8 柳田國男（西垣晴次）
9 伊波普猷（高良倉吉）
10 今井登志喜（樺山紘一）
11 本庄栄治郎（今谷　明）
12 高群逸枝（栗原　弘）
13 平泉　澄（今谷　明）
14 上原専祿（三木　亘）
15 野呂栄太郎（神田文人）
16 宮崎市定（礪波　護）
17 仁井田陞（尾形　勇）
18 大塚久雄（近藤和彦）
19 高橋幸八郎（遅塚忠躬）
20 石母田正（今谷　明）

日本編(下) 1999 212-6

1 久米邦武（田中　彰）
2 内藤湖南（礪波　護）
3 山路愛山（大濱徹也）
4 津田左右吉（大室幹雄）
5 朝河貫一（甚野尚志）
6 黒板勝美（石井　進）
7 福田徳三（今谷　明）
8 辻善之助（圭室文雄）
9 池内　宏（武田幸男）
10 羽田　亨（羽田　正）
11 村岡典嗣（玉懸博之）
12 田村栄太郎（芳賀　登）
13 山田盛太郎（伊藤　晃）
14 大久保利謙（由井正臣）
15 濱口重國（菊池英夫）
16 村川堅太郎（長谷川博隆）
17 宮本常一（西垣晴次）
18 丸山眞男（坂本多加雄）
19 和歌森太郎（宮田　登）
20 井上光貞（笹山晴生）

日本編(続) 2006 232-0

1 狩野直喜（戸川芳郎）
2 桑原隲蔵（礪波　護）
3 矢野仁一（挾間直樹）
4 加藤　繁（尾形　勇）
5 中村孝也（中田易直）
6 宮地直一（西垣晴次）
7 和辻哲郎（樺山紘一）
8 一志茂樹（古川貞雄）
9 田中惣五郎（本間恂一）
10 西岡虎之助（西垣晴次）
11 岡　正雄（大林太良）
12 羽仁五郎（斉藤　孝）
13 服部之總（大濱徹也）
14 坂本太郎（笹山晴生）
15 前嶋信次（窪寺紘一）
16 中村吉治（岩本由輝）
17 竹内理三（樋口州男）
18 清水三男（網野善彦）
19 江口朴郎（木畑洋一）
20 林屋辰三郎（今谷　明）

世界編(上) 1999 213-4

1 ピレンヌ（河原　温）
2 マイネッケ（坂井榮八郎）
3 ゾンバルト（金森誠也）
4 メネンデス・ピダール（小林一宏）
5 梁啓超（佐藤慎一）
6 トーニー（越智武臣）
7 アレクセーエフ（加藤九祚）
8 マスペロ（池田　温）
9 トインビー（芝井敬司）
10 ウィーラー（小西正捷）
11 カー（木畑洋一）
12 ウィットフォーゲル（鶴間和幸）
13 エリアス（木村靖二）
14 侯外盧（多田狷介）
15 ブローデル（浜名優美）
16 エーバーハルト（大林太良）
17 ウィリアムズ（川北　稔）
18 アリエス（杉山光信）
19 楊　寛（高木智見）
20 クラーク（ドン・ベイカー／藤川隆男訳）
21 ホブズボーム（水田　洋）
22 マクニール（高橋　均）
23 ジャンセン（三谷　博）
24 ダニーロフ（奥田　央）
25 フーコー（福井憲彦）
26 デイヴィス（近藤和彦）
27 サイード（杉田英明）
28 タカキ，R.（富田虎男）

世界編(下) 2001 214-2

1 スタイン（池田　温）
2 ヴェーバー（伊藤貞夫）
3 バルトリド（小松久男）
4 ホイジンガ（樺山紘一）
5 ルフェーヴル（松浦義弘）
6 フェーヴル（長谷川輝夫）
7 グラネ（桐本東太）
8 ブロック（二宮宏之）
9 陳　寅恪（尾形　勇）
10 顧　頡剛（小倉芳彦）
11 カントロヴィッチ（藤田朋久）
12 ギブ（湯川　武）
13 ゴイテイン（湯川　武）
14 ニーダム（草光俊雄）
15 コーサンビー（山崎利男）
16 フェアバンク（平野健一郎）
17 モミリアーノ（本村凌二）
18 ライシャワー（W.スティール）
19 陳　夢家（松丸道雄）
20 フィンリー（桜井万里子）
21 イナルジク（永田雄三）
22 トムスン（近藤和彦）
23 グレーヴィチ（石井規衛）
24 ル・ロワ・ラデュリ（阿河雄二郎）
25 ヴェーラー（木村靖二）
26 イレート（池端雪浦）

戸上　一

46 **千　利　休**

ヒト・モノ・カネ

1998　＊210-6　四六上製　212頁　¥2000

高価な茶道具にまつわる美と醜の世界を視野に入れぬ従来の利休論にあきたらぬ筆者が，書き下ろした利休の実像。モノの美とそれにまつわるカネの醜に対決する筆者の気迫に注目

大濱徹也

47 **日本人と戦争☆**

歴史としての戦争体験

2002　220-7　四六上製　280頁　¥2400

幕末，尊皇攘夷以来，日本は10年ごとの戦争で大国への道をひた走った。やがて敗戦。大東亜戦争は正義か不正義かは鏡の表と裏にすぎないかもしれない。日本人の“戦争体験”が民族共有の記憶に到達するのはいつか？

K. B. ウルフ／林　邦夫訳

48 **コルドバの殉教者たち**

イスラム・スペインのキリスト教徒

1998　226-6　四六上製　214頁　¥2800

9世紀，イスラム時代のコルドバで，49人のキリスト教徒がイスラム教を批難して首をはねられた。かれらは極刑となって殉教者となることを企図したのである。三つの宗教の混在するスペインの不思議な事件である

U. ブレーカー／阪口修平・鈴木直志訳

49 **スイス傭兵ブレーカーの自伝**

2000　240-1　四六上製　263頁　¥2800

18世紀スイス傭兵の自伝。貧農に生まれ，20歳で騙されてプロイセン軍に売られ，軍隊生活の後，七年戦争中に逃亡。彼の生涯で最も劇的なこの時期の記述は，近代以前の軍隊生活を知る類例のない史料として注目

田中圭一

50 **日本の江戸時代☆**

舞台に上がった百姓たち

1999　＊233-5　四六上製　259頁　¥2400

日本の古い体質のシンボルである江戸時代封建論に真向から挑戦する江戸近代論。「検地は百姓の土地私有の確認である」ことを実証し，一揆は幕府の約束違反に対するムラの抗議だとして，日本史全体像の変革を迫る

平松幸三編　2001年度 沖縄タイムス出版文化賞受賞

51 **沖縄の反戦ばあちゃん**

松田カメ口述生活史

2001　242-8　四六上製　199頁　¥2000

沖縄に生まれ，内地で女工，結婚後サイパンへ出稼いで，戦争に巻込まれる。帰郷して米軍から返却された土地は騒音下。嘉手納基地爆音訴訟など反戦平和運動の先頭に立ったカメさんの原動力は理屈ではなく，生活体験だ

52　（欠番）

原田勝正

53 **日 本 鉄 道 史**

技術と人間

2001　275-4　四六上製　488頁　¥3300

幕末維新から現代まで，日本の鉄道130年の発展を，技術の進歩がもつ意味を社会との関わりの中に確かめながら，改めて見直したユニークな技術文化史

J. キーガン／井上堯裕訳

54 **戦争と人間の歴史**

人間はなぜ戦争をするのか？

2000　264-9　四六上製　205頁　¥2000

人間はなぜ戦争をするのか？　人間本性にその起源を探り，国家や個人と戦争の関わりを考え，現実を見つめながら「戦争はなくなる」と結論づける。原本は豊かな内容で知られるＢＢＣ放送の連続講演（1998年）

M.シェーファー／大津留厚監訳・永島とも子訳
55 エリザベート―栄光と悲劇
2000　＊265-6　四六上製　183頁　¥2000
ハプスブルク朝の皇后“シシー”の生涯を内面から描く。美貌で頭が良く，自信にあふれ，決断力を持ちながらも孤独に苦しんでいた。従来の映画や小説では得られない“変革の時代”に生きた高貴な人間像

地中海学会編
56 地中海の暦と祭り
2002　230-4　四六上製　285頁　¥2500
季節の巡行や人生・社会の成長・転変に対応する祭は暦や時間と深く連関する。その暦と祭を地中海世界の歴史と地域の広がりの中でとらえ，かつ現在の祭慣行や暦制度をも描いた，歴史から現代までの「地中海世界案内」

堀　敏一
57 曹　　操
三国志の真の主人公
2001　＊283-0　四六上製　220頁　¥2800
諸葛孔明や劉備の活躍する『三国志演義』はおもしろいが，小説であって事実ではない。中国史の第一人者が慎重に選んだ“事実は小説よりも奇”で，人間曹操と三国時代が描かれる

P.ブラウン／宮島直機訳
58 古代末期の世界 ［改訂新版］
ローマ帝国はなぜキリスト教化したか
2002　＊354-7　四六上製　233頁　¥2800
古代末期を中世への移行期とするのではなく独自の文化的世界と見なす画期的な書。鬼才P.ブラウンによる「この数十年の間で最も影響力をもつ歴史書！」（書評から）

宮脇淳子
59 モンゴルの歴史 ［増補新版］
遊牧民の誕生からモンゴル国まで
2018　＊446-9　四六上製　320頁　¥2800
紀元前1000年に中央ユーラシア草原に遊牧騎馬民が誕生してから，現在21世紀のモンゴル系民族の最新情報までを1冊におさめた，世界初の通史。2017年には，モンゴルでも訳書完成

永井三明
60 ヴェネツィアの歴史
共和国の残照
2004　＊285-4　四六上製　270頁　¥2800
1797年「唐突に」姿を消した共和国。ヴェネツィアの1000年を越える歴史を草創期より説き起こす。貴族から貧困層まで，人々の心の襞までわけ入り描き出される日々の生活，etc. ヴェネツィア史の第一人者による書き下ろし

H.バイアス／内山秀夫・増田修代訳
61 敵　国　日　本
太平洋戦争時，アメリカは日本をどう見たか？
2001　286-X　四六上製　215頁　¥2000
パールハーバーからたった70日で執筆・出版され，アメリカで大ベストセラーとなったニューヨークタイムズ記者の日本論。天皇制・政治経済・軍隊から日本人の心理まで，アメリカは日本人以上に日本を知っていた……

伊東俊太郎　［比較文明学叢書 3］
62 文明と自然
対立から統合へ
2002　293-2　四六上製　256頁　¥2400
かつて西洋の近代科学は，文明が利用する対象として自然を破壊し，自然は利用すべき資源でしかなかった。いま「自から然る」自然が，生々発展して新しい地球文明が成る。自然と文明の統合の時代である

P.V.グロブ／荒川明久・牧野正憲訳
63 甦る古代人
デンマークの湿地埋葬
2002　298-3　四六上製　191頁　¥2500
デンマーク，北ドイツなど北欧の寒冷な湿地帯から出土した，生々しい古代人の遺体（約700例）をめぐる“謎”の解明。原著の写真全77点を収録した，北欧先史・古代史研究の基本図書

大濱徹也

64 **庶民のみた日清・日露戦争**

帝国への歩み

2003　316-5　四六上製　265頁　￥2200

明治維新以後10年ごとの戦争に明けくれた日本人の戦争観・時代観を根底に，著者は日本の現代を描こうとする。庶民の皮膚感覚に支えられた生々しい日本の現代史像に注目が集まる。『明治の墓標』改題

喜安　朗

65 **天皇の影をめぐるある少年の物語**

戦中戦後私史

2003　312-2　四六上製　251頁　￥2200

第二次大戦の前後を少年から青年へ成長した多くの日本人の誰もが見た敗戦から復興の光景を，今あらためて注視する少年の感性と歴史家の視線。変転する社会状況をくぐりぬけて今現われた日本論

スーザン・W.ハル／佐藤清隆・滝口晴生・菅原秀二訳

66 **女は男に従うもの？**

近世イギリス女性の日常生活

2003　315-7　四六上製　285頁　￥2800

16～17世紀，女性向けに出版されていた多くの結婚生活の手引書や宗教書など（著者は男性）を材料に，あらゆる面で制約の下に生きていた女性達の日常を描く（図版多数集録）

G.スピーニ／森田義之・松本典昭訳

67 **ミケランジェロと政治**

メディチに抵抗した《市民＝芸術家》

2003　＊318-9　四六上製　181頁　￥2500

フィレンツェの政治的激動期，この天才芸術家が否応なく権力交替劇に巻き込まれながらも，いかに生き抜いたか？　ルネサンス美術史研究における社会史的分析の先駆的議論。ミケランジェロとその時代の理解のために

金七紀男

68 **エンリケ航海王子**　［品切］

大航海時代の先駆者とその時代

2004　322-X　四六上製　232頁　￥2500

初期大航海時代を導いたポルトガルの王子エンリケは，死後理想化されて「エンリケ伝説」が生れる。本書は，生身で等身大の王子とその時代を描く。付録に「エンリケ伝説の創出」「エンリケの肖像画をめぐる謎」の２論文も

H.バイアス／内山秀夫・増田修代訳

69 **昭和帝国の暗殺政治**

テロとクーデタの時代

2004　314-9　四六上製　341頁　￥2500

戦前，『ニューヨーク・タイムズ』の日本特派員による，日本のテロリズムとクーデタ論。記者の遭遇した5.15事件や2.26事件を，日本人独特の前近代的心象と見て，独自の日本論を展開する。『敵国日本』の姉妹篇

E.L.ミューラー／飯野正子監訳

70 **祖国のために死ぬ自由**

徴兵拒否の日系アメリカ人たち

2004　331-9　四六上製　343頁　￥3000

第二次大戦中，強制収容所に囚われた日系２世は，市民権と自由を奪われながら徴兵された。その中に，法廷で闘って自由を回復しアメリカ人として戦う道を選んだ人々がいた。60年も知られなかった日系人の闘いの記録

松浦高嶺・速水敏彦・高橋　秀

71 **学　生　反　乱**

―1969―　立教大学文学部

2005　335-1　四六上製　281頁　￥2800

1960年代末，世界中を巻きこんだ大学紛争。学生たちの要求に真摯に向合い，かつ果敢に闘った立教大学文学部の教師たち。35年後の今，闘いの歴史はいかに継承されているか？

神川正彦　［比較文明学叢書　5］

72 **比較文明文化への道**

日本文明の多元性

2005　343-2　四六上製　311頁　￥2800

日本文明は中国のみならずアイヌや琉球を含め，多くの文化的要素を吸収して成立している。その文化的要素を重視して“文明文化”を一語として日本を考える新しい視角

藤川隆男編

73 **白人とは何か？**

ホワイトネス・スタディーズ入門

2005 ＊346-2 四六上製 257頁 ￥2200

近年欧米で急速に拡大している「白人性研究」を日本で初めて本格的に紹介。差別の根源「白人」を人類学者が未開の民族を見るように研究の俎上に載せ，社会的・歴史的な存在である事を解明する多分野17人が協力

W. フライシャー／内山秀夫訳

74 **太平洋戦争にいたる道**

あるアメリカ人記者の見た日本

2006 349-1 四六上製 273頁 ￥2800

昭和初・中期の日本が世界の動乱に巻込まれていくさまを，アメリカ人記者の眼で冷静に見つめる。世界の動きを背景に，日本政府の情勢分析の幼稚とテロリズムを描いて，小社既刊『敵国日本』と対をなす必読日本論

白井洋子

75 **ベトナム戦争のアメリカ**

もう一つのアメリカ史

2006 ＊352-3 四六上製 258頁 ￥2500

「インディアン虐殺」の延長線上にベトナム戦争を位置づけ，さらに，ベトナム戦没者記念碑「黒い壁」とそれを訪れる人々の姿の中にアメリカの歴史の新しい可能性を見る。「植民地時代の先住民研究」専門の著者だからこその視点

L. カッソン／新海邦治訳

76 **図書館の誕生**

古代オリエントからローマへ

2007 ＊356-1 四六上製 222頁 ￥2300

古代の図書館についての最初の包括的研究。紀元前３千年紀の古代オリエントの図書館の誕生から，図書館史の流れを根本的に変えた初期ビザンツ時代まで。碑文，遺跡の中の図書館の遺構，墓碑銘など多様な資料は語る

英国王立国際問題研究所／坂井達朗訳

77 **敗北しつつある大日本帝国**

日本敗戦７ヵ月前の英国王立研究所報告

2007 ＊361-5 四六上製 253頁 ￥2700

対日戦略の一環として準備された日本分析。極東の後進国日本が世界経済・政治の中に進出，ファシズムの波にのって戦争を遂行する様を冷静に判断。日本文化社会の理解は，戦中にも拘わらず的確で大英帝国の底力を見る

史学会編

78 **歴 史 の 風**

2007 ＊369-1 四六上製 295頁 ￥2800

『史学雑誌』連載の歴史研究者によるエッセー「コラム 歴史の風」を１巻に編集。1996年の第１回「歴史学雑誌に未来から風が吹く」（樺山紘一）から昨2006年末の「日本の歴史学はどこに向かうのか」（三谷 博）まで11年間55篇を収載

青木 健→99巻『新ゾロアスター教史』

79 **ゾロアスター教史** ［絶版］

古代アーリア・中世ペルシア・現代インド

2008 ＊374-5 四六上製 308頁 ￥2800

本邦初の書下ろし。謎の多い古代アーリア人の宗教，サーサーン朝国教としての全盛期，ムスリム支配後のインドで復活，現代まで。世界諸宗教への影響，ペルシア語文献の解読，ソグドや中国の最新研究成果が注目される

城戸 毅

80 **百 年 戦 争**

中世末期の英仏関係

2010 ＊379-0 四六上製 373頁 ￥3000

今まで我が国にまとまった研究もなく，欧米における理解からずれていたこのテーマ。英仏関係及びフランスの領邦君主諸侯間の関係を通して，戦争の前史から結末までを描いた，本邦初の本格的百年戦争の全体像

R. オズボン／佐藤 昇訳

81 **ギリシアの古代**

歴史はどのように創られるか？

2011 ＊396-7 四六上製 261頁 ￥2800

最新の研究成果から古代ギリシア史研究の重要トピックに新しい光を当て，歴史学的な思考の方法，「歴史の創り方」を入門的に，そして刺戟的に紹介する。まずは「おなじみ」のスポーツ競技，円盤投げの一場面への疑問から始める

藤川隆男

82 **人種差別の世界史**

白人性とは何か？

2011 ＊398-1 四六上製 274頁 ￥2300

差別と平等が同居する近代世界の特徴を，身近な問題（ファッション他）を取り上げながら，前近代との比較を通じて検討。人種主義と啓蒙主義の問題，白人性とジェンダーや階級の問題などを，世界史的な枠組で解明かす

Ch. ビュヒ／片山淳子訳

83 **もう一つのスイス史**

独語圏・仏語圏の間の深い溝

2012 ＊395-0 四六上製 246頁 ￥2500

スイスは，なぜそしていかに，多民族国家・多言語国家・多文化国家になったのか，そのため生じた問題にいかに対処してきたか等々。独仏両言語圏の間の隔たりから語る，今までに無い「いわば言語から覗くスイスの歴史」

坂井榮八郎

84 **ドイツの歴史百話**

2012 ＊407-0 四六上製 330頁 ￥3000

「ドイツ史の語り部」を自任する著者が，半世紀を超える歴史家人生で出会った人，出会った事，出会った本，そして様ざまな歴史のエピソードなどを，百のエッセイに紡いで時代順に語ったユニークなドイツ史

田中圭一

85 **良寛の実像**

歴史家からのメッセージ

2013 ＊411-7 四六上製 239頁 ￥2400

捏造された「家譜」・「自筆過去帳」や無責任な小説や教訓の類いが，いかに良寛像を過らせたか！　良寛を愛し，良寛の眞実を求め，人間良寛の苦悩を追って，その実像に到達した，唯一，歴史としての良寛伝が本書である

A. ジョティシュキー／森田安一訳

86 **十字軍の歴史**

2013 ＊388-2 四六上製 480頁 ￥3800

カトリック対ギリシア東方正教対イスラームの抗争という，従来の東方十字軍の視点だけではなく，レコンキスタ・アルビショワ十字軍・ヴェンデ十字軍なども叙述，中世社会を壮大な絵巻として描いた十字軍の全体史

W. ベーリンガー／長谷川直子訳

87 **魔女と魔女狩り**

2014 ＊413-1 四六上製 480頁 ￥3500

ヨーロッパ魔女狩りの時代の総合的な概説から，現代の魔女狩りに関する最新の情報まで，初めての魔女の世界史。魔女狩りの歴史の考察から現代世界を照射する問題提起が鋭い。110頁を超える索引・文献・年表も好評

J.＝C. シュミット／小池寿子訳

88 **中世の聖なるイメージと身体**

キリスト教における信仰と実践

2015 ＊380-6 四六上製 430頁 ￥3800

中世キリスト教文明の中心テーマ！　目に見えない「神性」にどのように「身体」が与えられたか，豊富な具体例で解き明かす。民衆の心性を見つめて歴史人類学という新しい地平を開拓したシュミットの，更なる到達点

W. D. エアハート／白井洋子訳

89 **ある反戦ベトナム帰還兵の回想**

2015 ＊420-9 四六上製 480頁 ￥3500

詩人で元米国海兵隊員の著者が，ベトナム戦争の従軍体験と，帰還後に反戦平和を訴える闘士となるまでを綴った自伝的回想の記録三部作第二作目 *Passing Time* の全訳。「小説ではないがそのようにも読める」(著者まえがき)

岩崎 賢

90 **アステカ王国の生贄の祭祀**

血・花・笑・戦

2015 ＊423-0 四六上製 202頁 ￥2200

古代メキシコに偉大な文明を打ち立てたアステカ人の宗教的伝統の中心＝生贄の祭りのリアリティに，古代語文献，考古学・人類学史料及び厳選した図像史料を駆使して肉迫する。本邦ではほとんど他に例のない大胆な挑戦

藤川隆男

91 妖獣バニヤップの歴史

オーストラリア先住民と白人侵略者のあいだで

2016　＊431-5　四六上製　300頁＋カラー口絵８頁　￥2300

バニヤップはオーストラリア先住民に伝わる水陸両生の幻の生き物。イギリスの侵略が進むなか，白人入植者の民話としても取り入れられ，著名な童話のキャラクターとなる。この動物の記録を通して語るオーストラリア史

ジョー・グルディ＆D.アーミテイジ／平田雅博・細川道久訳

92 これが歴史だ！

21世紀の歴史学宣言

2017　＊429-2　四六上製　250頁　￥2500

気候変動を始め現代の難問を長期的に捉えるのが歴史家本来の仕事。短期の視点が台頭する今，長期の視点の重要性の再認識を主張。歴史学研究の流れから，膨大な史料データ対応の最新デジタル歴史学の成果までを本書に

杉山博久

93 直良信夫の世界

20世紀最後の博物学者

2016　＊430-8　四六上製　300頁　￥2500

考古学，古人類学，古生物学，現生動物学，先史地理学，古代農業……。最後の博物学者と評されたその研究領域を可能な限り辿り，没後30年に顕彰。「明石原人」に関わる諸見解も紹介し，今後の再評価が期待される

永田陽一　野球文化學會学会賞受賞

94 日系人戦時収容所のベースボール

ハーブ栗間の輝いた日々

2018　＊439-1　四六上製　210頁　￥2000

「やる者も見る者もベースボールが本気だった」カリフォルニアから強制立ち退きでアメリカ南部の収容所に送られた若者たち。屈辱の鉄条網のなかで生き延びるための野球に熱中，数千の観衆を前に強豪チームを迎え撃つ

三佐川亮宏

95 紀元千年の皇帝

オットー三世とその時代

2018　＊437-7　四六上製　430頁＋カラー口絵２頁　￥3700

その並外れた教養と知性の故に，「世界の奇跡」と呼ばれた若き皇帝。彼の孤高にして大胆な冒険に満ちた儚い生涯と，「紀元千年」の終末論の高揚する中世ローマ帝国の世界に，今日のヨーロッパ統合の原点を探る旅

山﨑耕一

96 フランス革命

「共和国」の誕生

2018　＊443-8　四六上製　370頁　￥3000

「革命前夜のフランスの状況」から説かれる本書。１冊で，「革命」とは何か，複雑なフランス革命の諸々の動きと人々の生き方，共和国の成立からナポレオンの登場，帝政の開始までの，すべてを理解できる革命史が完成

ヒュー・ボーデン／佐藤昇訳

97 アレクサンドロス大王

2019　＊442-1　四六上製　234頁　￥2300

歴史の中に浮び上る真の姿。「西アジアで発見の重要文書から，アレクサンドロスは基本的に「西洋的な人物」であると考えなくなる」と，著者。最新の研究成果を踏まえ旧来のアレクサンドロス像に異議を唱えた入門書

トーマス・W.アルフォード／中田佳昭・村田信行訳

98 インディアンの「文明化」

ショーニー族の物語

2018　＊438-4　四六上製　300頁　￥3000

小さな部族のエリートが「白人的価値」と「インディアンの価値」の中で苦悩し翻弄されながら，両者の懸け橋を目指して懸命に生きた姿。アメリカ白人社会への強制的同化を受け入れ生き残る ⇒ 現代社会への問いかけ？

青木　健

99 新ゾロアスター教史

古代中央アジアのアーリア人・中世ペルシアの神聖帝国・現代インドの神官財閥

2019　＊450-6　四六上製　370頁　￥3000

10年前の本邦初の書下ろし（本全書79巻）が既に品切れて，全面改稿！　最新の研究成果と巻末に詳細な日本におけるゾロアスター教研究の現状を記録。旧版の良さを生かしながら，本来の諸言語の音を取り入れる

森田安一

100 **スイスの歴史百話**☆

2021　＊462-9　四六上製　310頁　￥2700

ヨーロッパの中央に位置するスイスの歴史は，周囲の大国との関係を無視して語ることはできない。あえて，いやむしろスイスから語った百遍の歴史エピソードから，連綿と続くヨーロッパの物語を浮かび上がらせた

永田雄三

101 **トルコの歴史〈上〉〈下〉**☆

2023　〈上〉＊479-7〈下〉＊480-3　四六上製　291頁　323頁　￥2700

世界でも傑士のトルコ史研究者渾身の通史。匈奴，突厥などモンゴル高原から中央ユーラシアへ展開した騎馬遊牧民の一部トルコ系民族が，西へ移動。民族性を保持しつつ移住先文化と融合，洋の東西に展開した壮大な歴史

シュテフェン・パツォルト／甚野尚志訳

102 **封建制の多面鏡**☆

「封」と「家臣制」の結合

2023　＊475-9　四六上製　210頁　￥2700

わが国ではまだ十分に知られていない欧米最新の封建制概念を理解する入門書。中世ヨーロッパ各地で多様な形で出現し，「多面鏡に映るがごとくに」異なる像を形成してきた近代に至るまでの「封建制」概念に迫る

桜井万里子

103 **古代ギリシア人の歴史**

2023　＊445-2　四六上製　400頁予定　￥3500

(2023年11月刊行予定)

〈歴史・民族・文明〉

刀水歴史全書 102
封建制の多面鏡 「封」と「家臣制」の結合

2023年6月30日　初版1刷発行

著　者　シュテフェン・パツォルト
訳　者　甚 野 尚 志
発行者　中 村 文 江
発行所　株式会社　刀水書房
〒101-0065　東京都千代田区西神田2−4−1　東方学会本館
TEL 03-3261-6190　FAX 03-3261-2234　振替 00110-9-75805
組版　株式会社富士デザイン
印刷　亜細亜印刷株式会社
製本　株式会社ブロケード

ISBN978-4-88708-475-9　C1322

《著者紹介》

Steffen Patzold （シュテフェン・パツォルト）

1972年生まれ，チュービンゲン大学教授，専門はカロリング朝の政治史・教会史。本書（*Das Lehenswesen*）は2023年に第二版が刊行され，中世ヨーロッパの封建制についての基本書となっている

《訳者紹介》

甚野尚志 （じんの　たかし）

1958年，福島県福島市に生まれる。東京大学文学部西洋史学科卒。同大学大学院人文科学研究科修士課程（西洋史学）修了。博士（文学，早稲田大学），現在，早稲田大学文学学術院教授

主要著書:『中世の異端者たち〈世界史リブレット〉』山川出版社 1996年,『中世ヨーロッパの社会観』講談社 2007年,『十二世紀ルネサンスの精神 ── ソールズベリのジョンの思想構造』知泉書館 2009年

主要編著：『中世ヨーロッパを生きる』東京大学出版会 2004年,『15のテーマで学ぶ中世ヨーロッパ史』ミネルヴァ書房 2013年,『中近世ヨーロッパの宗教と政治 ── キリスト教世界の統一性と多元性』ミネルヴァ書房 2014年,『朝河貫一と日欧中世史研究』吉川弘文館 2017年,『朝河貫一と人文学の形成』吉川弘文館 2019年,『疫病・終末・再生 ── 中近世キリスト教世界に学ぶ』知泉書館 2021年, *Christianity and Violence in the Middle Ages and Early Modern Period. Perspectives from Europe and Japan*, Oldenbourg 2021.

主要訳書：エルンスト・カントロヴィッチ『祖国のために死ぬこと』みすず書房 1993年, フランツ・フェルテン『中世ヨーロッパの教会と俗世』(編訳) 山川出版社 2010年, ベルンハルト・シンメルペニッヒ『ローマ教皇庁の歴史 ── 古代からルネサンスへ』(共訳) 刀水書房 2017年

索　引

I．人名索引

ア　行

カ　行

サ　行

タ 行

ハ 行

ヤ 行

ラ 行

ワ　行

II．地名・事項索引

ア　行

カ　行

サ　行

タ 行

ナ 行

ハ　行

マ　行

ヤ　行

ラ　行

Ⅲ．研究者名索引

ア　行

カ　行

サ　行

タ　行

ハ　行

マ　行

ラ　行

訳者注

第一章　封建制の研究史

（1）　EGBGB は，Einführungsgesetz zum Bürgerlichen Gesetzbuche（『民法典施行法』）の略称。ドイツの民法については，村上淳一，守矢健一，ハンス・ペーター・マルチュケ『ドイツ法入門［改訂第 9 版］』有斐閣，2018 年など参照。

（2）　Paul von Roth, *Mecklenburgisches Lehenrecht,* Rostock 1858. パウル・フォン・ロート（1820 年生～ 1892 年没）は，ミュンヘン大学で法学を学び，法史学雑誌（Zeitschrift für Rechtsgeschichte）の創刊に関わった法学者。ミュンヘン大学でドイツ私法，ドイツ帝国史，法制史を教えた。

（3）　Paul von Roth, *Geschichte des Beneficialwesens von den ältesten Zeiten bis ins zehnte Jahrhundert,* Erlangen 1850. このロートの書物は，封建制の出現をカロリング期とする「封建制の古典学説」の確立に寄与したことで重要な研究である。

（4）　F. L. Ganshof, *Qu'est-ce que la féodalité?,* Bruxelles 1944［邦訳，F. L. Ganshof（森岡敬一郎訳）『封建制度』1968 年，慶應通信］．フランソワ＝ルイ・ガンスホフ（1895 年生～ 1980 年没）はベルギーの中世史家。1930 年よりゲント大学でアンリ・ピレンヌに学び，ピレンヌの後任としてゲント大学教授となる。彼の最もよく知られた著作は，本書で頻繁に言及される，1944 年にフランス語で出版した *Qu'est-ce que la féodalité?* である。彼はこの書物で，8 世紀のフランス王国において封建制が誕生する過程を論じ，法制史，軍事史的な観点からの封建制の定義を行った。

（5）　F. L. Ganshof, *Was ist das Lehnswesen?,* 6. erw. dt. Aufl., Darmstadt 1983.

（6）　Susan Reynolds, *Fiefs and Vassals.The Medieval Evidence Reinterpreted,* Oxford 1994. スーザン・レナルズはこの書物で封建制概念を根本的に問い直し，世界的な議論を引き起こした。レナルズの議論をきっかけに刊行された封建制の論文集として以下の 2 つが重要である。1 つは，封建制全般を再考するスポレトでの研究集会の論文集（*Il feudalesimo nell'alto medioevo. Settimane di studio del Centro Italiano di studi sull'alto Medioevo 47,* Spoleto 2000）。もう 1 つは，とくに 11，12 世紀の封建制の問題を扱ったデンドルファー，ドイティンガーが編纂した論文集（eds. J. Dendorfer & R. Deutinger, *Das Lehnswesen im Hochmittelalter.*

Forschungskonstrukte-Quellenbefunde-Deutungsrelevanz, Ostfildern 2010）。また，レナルズの議論の紹介としては，森本芳樹「封建制概念の現在」『比較史への道 —— ヨーロッパ中世から広い世界へ —— 』創文社，2004 年参照。

(7) E. A. R. Brown, "The Tyranny of a Construct: Feudalism and Historians of Medieval Europe," *American Historical Review,* 79（1974）, pp. 1063-1088.

第二章　八，九世紀のフランク王国

(8) プレカリア（precaria）は古代ローマの末期に出現し，初期中世の西ゴート王国，フランク王国にも継承された土地保有の一形態であり，この契約を結ぶと，請願者が当該の土地を地代を支払うことで一定の期間，元の土地所有者の所有権を変えることなく借り受けることができた。ただし，プレカリア契約による土地貸与は取り消し可能な貸与で，授与者は土地を受け取り手から自由に取り戻すことができた。ラテン語の女性名詞形の precaria と記す場合と中性名詞形の precarium と記す場合がある。本書でも言及されるように，8 世紀のフランク王国では騎士の軍隊を維持するために，プレカリア契約により教会領が利用された。

(9) 『文書定式集（formula)』とは，メロヴィング朝フランク王国で作成された証書作成の手本となる書式集である。各書式では記載事項のうち，日付や行為当事者の氏名，行為の具体的な内容の部分が空白になっており，それらを雛型として用い，実際の証書が作成された。メロヴィング朝時代に作成された『文書定式集』としては『マルクルフの文書定式集』,『トゥールの文書定式集』,『アンジェの文書定式集』,『ブールジュの文書定式集』が有名であるが，このうち編者の名前がわかるものは，マルクルフ（パリのサン・ジェルマン修道院の修道士）が 7 世紀半ばに編纂した『マルクルフの文書定式集』のみで，それ以外のものはトゥールなどの作成地のみが知られている。

(10) 『トゥールの文書定式集』43 項（Formulae Turonenses, Cap. 43）の原文は以下のとおり。なお『西洋法制史料選 II 中世』創文社，1978 年，28-30 頁にもこの翻訳がある。"Domino magnifico illo ego enim ille. Dum et omnibus habetur percognitum, qualiter ego minime habeo, unde me pascere vel vestire debeam, ideo petii pietati vestrae, et mihi decrevit voluntas, ut me in vestrum mundoburdum tradere vel commendare deberem; quod ita et feci; eo videlicet modo, ut me tam de victu quam et de vestimento, iuxta quod vobis servire et promereri potuero, adiuvare vel consolare debeas, et dum ego in capud advixero, ingenuili ordine tibi

servicium vel obsequium inpendere debeam et de vestra potestate vel mundoburdo tempore vitae meae potestatem non habeam subtrahendi, nisi sub vestra potestate vel defensione diebus vitae meae debeam permanere.Unde convenit, ut, si unus ex nobis de has convenentiis se emutare voluerit, solidos tantos pari suo conponat, et ipsa convenentia firma permaneat; unde convenit, ut duas epistolas uno tenore conscriptas ex hoc inter se facere vel adfirmare deberent; quod ita et fecerunt." *MGH Formulae Merowingici et Karolini aevi,* p. 158.

(11) 本書で例として挙げられるザンクト・ガレン修道院への寄進文書は，次の史料集に所収されている。ed. H. Wartmann, *Urkundenbuch der Abtei Sankt Gallen. vol. 1. 700-840,* Zürich 1863.

(12) カール大帝は779年のヘルスタル勅令で，フランク王国の全住民に教会への10分の1税の支払いを定めたが，ここで述べられるように「家臣」に対しては，さらに10分の1税を上乗せして教会の所領に関して支払うべきことが決められた。勅令のこの部分の原文は以下。"De rebus vero ecclesiarum, unde nunc census exerunt, decima et nona cum ipso censu sit soluta ;et unde antea non exierunt, similiter nona et decima detur," *MGH Capitularia Karoli Magni, Capit. 1, Capitulare Haristallense* (*779*). *Forma communis*, p. 13.

(13) 『フランク王国年代記（Annales Regni Francorum)』は，741年から829年までのフランク王国で生じた出来事に関する年代記である。ここで引用される部分の原文は以下。"Et rex Pippinus tenuit placitum suum in Compendio cum Francis; ibique Tassilo venit, dux Baioariorum, in vasatico se commendans per manus. sacramenta iuravit multa et innumerabilia. reliquias sanctorum manus inponens, et fidelitatem promisit regi Pippino et supradictis filiis eius, domno Carolo et Carlomanno, sicut vassus recta mente et firma devotione per iustitiam, sicut vassus dominos suos esse deberet. Sic confirmavit supradictus Tassilo supra corpus sancti Dionisii, Rustici et Eleutherii necnon et sancti Germani seu sancti Martini, ut omnibus diebus vitae eius sic conservaret, sicut sacramentis promiserat; sic et eius hominers maiores natu, qui erant cum eo, firmaverunt, sicut dictum est, in locis superius nominatis quam et in aliis multis." (Annales regni Francorum, anno 757), *MGH SS rer. Germ. 6*, pp. 14-16.

(14) K. F. Werner, "Hludovicus Augustus. Gouverner l'empire chrétien - idées et réalités," in; eds. P. Godman & R. Collins, *Charlemagne's Heir. New Perspectives*

on the Reign of Louis the Pious (814-840), Oxford 1990, pp. 3-123.

（15） H.Wolfram, "Karl Martell und das fränkische Lehnswesen. Aufnahme eines Nichtbestandes," in; ed. J. Jarnut, *Karl Martell in seiner Zeit,* Sigmaringen 1994, pp. 61-78.

（16） レ・エスティンヌ（Les Estinnes）の教会会議は，当時のフランク王国宮宰だったカールマンが現在のベルギーのエノー州にあるレ・エスティンヌで召集した教会会議。ここで言及された決議文の原文は以下。"Statuimus quoque cum consilio servorum Dei et populi chrsitiani, propter inminentia bella et persecutiones cererarum gentium quae in circuitu nostro sint, ut sub precario et censu aliquam partem ecclesialis pecuniae in adiutorium exercitus nostri cum indulgentia Dei aliquando tempore retineamus, ea conditione, ut annis singulis de unaquaque casata solidus, id est duodecim denarii, ad ecclesiam vel ad monasterium reddatur; eo modo, ut si moriatur Ille cui pecunia commodata fuit,ecclesia cum propria pecunia revestita sit." *MGH Capituralia Regum Francorum, I, Capitularia Maiorum Principis Capitulare Liptinense, K. Mart. 743*, p. 28.

（17） *MGH DD Karol. I*, Nr. 185, pp. 248-249.

（18） S. Reynolds, *op. cit.* Brigitte Kasten " Beneficium zwischen Landleihe und Lehen-eine alte Frage, neu gestellt," in; eds. D. Bauer etc., *Mönchtum-Kirche-Herrschaft, 750-1000, Josef Semmler zum 65. Geburtstag*, Sigmaringen 1998, pp. 243-260.

（19） オタカルに関して挙げられる史料はすべて，以下のフルダ修道院史料集に所収されている。ed. E. E. Stengel, *Urkundenbuch des Klosters Fulda: 1. Die Zeit der Abte Sturmi und Bangulf,* Marburg 1956.

（20） ロルシュ修道院は764年に創建されたヴォルムスの東に位置するカロリング期の帝国修道院である。ここで言及される，カール大帝が同修道院の所領をめぐる係争で出した742年の判告書（ed. K. Glöckner, *Codex Laureshamensis, I,* Darmstadt 1929, Nr. 3. p. 273.）で，証人のうちfidelesとして，Haginus, Rothlandus, Wichingus, Frodegasriusの名が挙げられ，vassiとして，Theodericus, Berthaldus, Albwinus, frodebertus, Gunthmarの名前が挙げられる。

（21） アインハルト（Einhardus, 770年頃生～840年没）はカール大帝の宮廷人で『カール大帝伝』の著者として有名。フルダ修道院で教育を受け，カール大帝の宮廷でアルクインの弟子となる。796年頃にはカールの側近になり，カールの宮廷学校の中心人物となる。カールの死後，ルートヴィヒ敬虔帝にも仕え

た。

（22） アインハルトの書簡の原文は以下。“Scio vos non latere,quod bone memoriae Wolfgarius episcopus me petente beneficiavit homini nostro Gerberto in pago Dubargaue in loco,qui dicitur Asgabah,de ratione sancti Cyliani mansos III et mancipia XII. Sed quia hoc diutius manere non potuit, nisi dum ille in corpore vixit, precor behignitatem vestram, ut memoratum Gerbertum illud beneficium habere permittatis, sicut modo babuit, usque dum in hac sede episcopus fuerit ordinatus, et inter me et illum convenerit, quid de ipso beneficio fieri debeat in futurum.” *Einhardus, Epistolae*, Nr. 24, *MGH Epistolae Karolini Aevi, III,* Berlin 1899, pp. 121-122.

（23） F. L. Ganshof, *op. cit.,* pp. 75-76.［邦訳『封建制度』59-60 頁］。

（24） この史料はフライジング司教座関係の文書集（ed. Th. Bitterauf, *Traditionen des Hochstifts Freising I,* München 1905, no. 257.）に所収されている。

（25） F. L. Ganshof, *op. cit.,* pp.76-77.［邦訳『封建制度』61 頁］。

（26） B. Kasten, *op. cit.* pp. 243-260.

（27） F. L. Ganshof, *op. cit.* p. 89.［邦訳『封建制度』72-73 頁］。

（28） S. Reynolds, *op. cit.*

（29） B. Kasten, *op. cit.*

（30） R. Deutinger, “Beobachtungen zum Lehenswesen im frühmittelalterlichen Bayern,” *Zeitschrift für bayerische Landesgeschichte,* 70（2007）, pp. 57-83.

（31） M. Becher, *Eid und Herrschaft. Untersuchungen zum Herrscherethos Karls des Großen,* Sigmaringen 1993.

（32） Warafrid Strabo, “Libellus de exordiis e t incrementis quarundam in observationibus ecclesiasticis rerum,” *MGH Capit. I,* pp. 473-516. ワラフリド・ストラボは，805 年頃に生まれ，ライヒェナウ修道院で教育を受けた修道士。フルダ修道院でラバーヌス・マウルスのもとで学んだ後，838 年にライヒェナウ修道院に戻り修道院長となった。

（33） R. Deutinger, “Seit wann gibt es die Mehrfachvassalität?, ” *Zeitschrift der Savigny-Stiftung für Rechtsgeschichte, Germ. Abt.* 119（2002）, pp. 78-105.

（34） Hincmarus Remensis, *De Ordine Palatii,* eds. Th. Gross & R. Schieffer, Hannover 1980. ランスのヒンクマール（806 年生～ 882 年没）は，サン・ドニ修道院で修道院長ヒルドゥインの教育を受け，その後ルートヴィヒ敬虔帝の宮廷に奉仕した神学者。ルートヴィヒ敬虔帝の没後，シャルル禿頭王に仕え，

845年にランス大司教となった。

(35) シャルル禿頭王はイタリアへの遠征に赴く際，パリの北に位置する都市キエルジで会議を開き勅令を出し，その第9条で，彼の不在中に伯の在職者が死去し空位になった際の，伯の職務継承のあり方を定めた。そこでシャルル禿頭王は，死亡した伯の息子が遠征に参加していても，あるいは，彼があまりにも若くとも，息子が父の職務を継承することを決め，さらに，王の家臣についても同じような息子への相続を認めた。*Capitulare Carisiacense, c. 9, Capituralia regum Francorum II,* Nr. 281, p. 358. ガンスホフによれば，これはシャルル禿頭王が一時的に取った手段ではあったものの，家臣が封を父子で相続する慣習を初めて認めた法令とされた。F. L. Ganshof, *op. cit.*, pp. 84-85.［邦訳『封建制度』67-68頁］。キエルジの勅令については，以下の文献が詳しく内容を説明している。E. Bourgeois, *Le Capitulaire de Kiersy-sur-Oise, 877 : étude sur l'état et le régime politique de la société carolingienne à la fin du IXe siècle d'après la l'égislation de Charles le Chauve,* Paris 1885.

(36) ガンスホフが多重封臣制の最初の証拠として挙げる895年のものとされる偽文書の内容は，トゥールのサン・マルタン修道院領内の代官がル・マン伯ベランジェの家臣パテリクスに対する苦情をベランジェのもとに提訴したが，ベランジェが，パテリクスがベランジェのほかに，国王ウードの兄弟ロトベルトゥスの家臣でもあるという理由で，裁判を忌避したというものである。F. L. Ganshof, *op.cit.*, pp. 86-87.［邦訳『封建制度』69-70頁］。

(37) R. Deutinger, "Seit wann gibt es die Mehrfachvassalität?"

第三章　一〇～一二世紀の「封」と「家臣制」

(38) M. Bloch, *La société féodale,* Paris 1939, pp. 249-250.［邦訳，マルク・ブロック（堀米庸三監訳）『封建社会』岩波書店，1995年，547頁］

(39) J. -P. Poly & E.Bournazel, *La mutation féodale,* Paris 1980.

(40) P. Bonnassie, *La Catalogne du milieu du Xe à la fin du XIe siècles: croissance et mutations d'une société,* 2 vols., Toulouse 1975/76.

(41) G. Bois, *La mutation de l'an mil: Lournand, village mâconnais, de l'Antiquité au féodalisme*, Paris 1989.

(42) T. N. Bisson, "The «Feudal Revolution»," *Past & Present*, 142（1994）, pp. 6-42. このビッソンの論文に対しては，この同じ雑誌で1997年まで，D. バルテルミ（Barthélemy）, T. ロイター（Reuter）, C. ウィッカム（Wickham）, S. D. ホワ

イト（White）が批判する論文を書き，それにビッソンが応答し激しい論争が起こった。この「封建革命」論は，デュビィのブルゴーニュとマコネ地方を扱った研究（G. Duby, *La société aux XI^eet XIIe siècles dans le région mâconnaise,* Paris 1953.）を発展させたものである。デュビィは，カロリング帝国を支えた伯裁判を核とする国家的公的秩序が980年頃から1030年頃の間に崩壊し公権力が解体し，それに代わり領主権，城主支配圏（シャテルニ）が誕生し，封建制社会に移行すると説明した。

（43） D. Barthélemy, *La mutation de l'an mil a-t-elle eu lieu? Servage et chevalerie dans la France des Xe et XIe siècles,* Paris 1997.

（44） *MGH Die Urkunden der deutschen Könige und Kaiser, IV*, Nr. 244, pp. 335-7.

（45） ヴィポ（Wipo）はコンラート２世の礼拝堂付司祭。年代記作家。『皇帝コンラート事績録（Gesta Chuonradi II imperatoris）』を書いた。

（46） ライヒェナウのヘルマン（Hermman von Reichenau）は，ライヒェナウ修道院の修道士。キリスト生誕から1054年までの『世界年代記（Chronicon）』を執筆し，その中で同時代の歴史を記述した。

（47） ミラノのアルヌルフ（Arnulf von Mailand）は，11世紀のミラノの年代記作家。北イタリアに関する年代記『最近の出来事の書（Liber gestorum recentium）』を1072年頃から1077年頃の間に書いた。

（48） この部分の原文と翻訳は以下。"...nos ad reconciliandos animos seniorum et militum, ut ad invicem semper inveniantur concordes et ut fideliter et perseveranter nobis et suis senioribus serviant devote, precipimus et firmiter statuimus, ut nullus miles episcoporum abbatum abbatissarum aut marchionum vel comitum vel omnium, qui beneficium de nostris publicis bonis aut de ecclesiarum prediis tenet nunc aut tenuerit vel hactenus iniuste perdidit, ...sine certa et convicta culpa suum beneficium perdat, nisi secundum constitucionem antecessorum nostrorum et iudicium parium suorum."（pp. 336-337.）［領主たちと騎士たちの心が和解し，つねに互いに一致し，忠実に辛抱強く騎士たちが余と自身の領主たちに献身的に奉仕すべきように，余は以下のことを命じ定める。司教，修道院長，女子修道院長，辺境伯，その他の者に服する騎士で，余の公領あるいは教会領から恩貸地を保有し，また保有するであろう者は，余の前任者の定めと自身の同輩の判決がなければ，明確な罪なく自身の恩貸地を失うことはない。］

（49） "Si contentio emerserit inter seniores et milites, quamvis pares adiudicaverint

illum suo beneficio carere debere, et si ille dixerit hoc iniuste vel odio factum esse, ipse suum beneficium teneat, donec senior et ille quem culpat cum paribus suis ante nostram presentiam veniant, et ibi causa iuste finiatur. Si autem pares culpati in iudicio senioribus defecerint, ille qui culatur suum bebeficium teneat, donec ipse cum suo seniore et paribus ante nostram presentiam veniant. Senior autem aut miles qui culpatur, qui ad nos venire decreverit, sex ebdomadas, antequam iter incioiat, ei cum quo litigavit iinotescat. Hoc autem de maioribus vasvasoribus observetur. De minoribus vero in regno aut ante seniors aut ante nostrum missum eorum causa finiantur."（p. 337.）［領主たちと騎士たちとの間で争いが生じたならば，同輩の者たちが同意するかぎりで，当該の騎士から恩貸地を没収すべきである。また，当該の騎士がその判決が不当で悪意によりなされたとみなせば，領主と有罪とされた騎士は，その同輩者とともに，皇帝のもとにやってきて，そこで訴訟が正当に解決されるべきだ。また，有罪とされた騎士の同輩たちがその騎士に対する判決を拒めば，当該の騎士は，自身の恩貸地をそのまま保持することができ，彼は，自身の領主と同輩者と余の前にやってくるべきだ。領主か有罪とされた騎士も，余のもとにやってきて訴訟を起こそうとすれば，相手の当事者にこの提訴を，皇帝のもとに赴く六週間前には告知しなければならない。ただ，こうしたことは，大陪臣（maiores vasvasores）のみにあてはまる。それに対し，王国の小陪臣（minores vasvasores）は，領主か余の使節の前で，彼らの訴訟を解決すべきである。］

この史料に出る vasvasores は，vassus vassorum（家臣の家臣）から作られた言葉である。北イタリアではここでいわれるように，「陪臣（vasvasores）」が 1035 年に主君の領主への反乱を起こした。皇帝コンラート 2 世は 1037 年に，この布告で定めるように，「大陪臣（maiores vasvasores）」の封の没収に関しては王の裁判所が決定し，また「小陪臣（minores vasvasores）」の封の没収に関しては同輩の裁判が決定することを規定した。なお，「小陪臣」は「大陪臣」の家臣ではなく，彼らは領主から小さな封を保持する者で，「大陪臣」と「小陪臣」の違いは封の大きさであった。この少し後から，「大陪臣」は，「頭領（capitanei ）」と呼ばれるようになる。「大陪臣」と「小陪臣」は，12 世紀以降のイタリアでは区別がなくなり，1 つの「貴族（nobiles）」身分に融合していった。

(50)　"Precipimus etiam, ut, cum aliquis miles sive de maioribus sive de minoribus de hoc seculo migraverit, filius eius beneficium habeat; si vero filium non non

habuerit et abiaticum ex maiorum vasvasorum in dandis equis et arimis suis senioribus. Si forete abiaticum ex filio non reliquerit et fratrem legittimum ex parte patris haruierit, sdi seniorem offensum habuit et sibi vult satisfacere et Miles eius effici, beneficium quod patris sui fuit habeat."（p.337）［余はまた，以下のことを命じる。大陪臣であろうが小陪臣であろうが，騎士が世を去ったときには，彼の息子が彼の恩貸地を継承すべきだ。だがもし，騎士が息子を持たなければ，そして息子から生まれた孫が残されていれば，孫に同様に，恩貸地が継承されるべきだ。その場合，領主への馬と武具を与える大陪臣の慣習を守るべきだ。もし，彼が息子の子である孫を持たず，父系の嫡出の兄弟を持っていたときには，もしその兄弟が領主と戦ったことがあればその償いを行うかぎりで，その騎士［兄弟］が父のものであった恩貸地を保持できる。］

（51） "Insuper etiam omnibus modis prehibemus, ut nullus senior de beneficio suorum militum cambium aut precariam libellum Sine eorum consensu facere predsumat.Illa vero bona, quae tenet proprietario iure aut per per precepta aut per rectum libellum sive per precariam,nemo iniuste eos divestire audeat. Fodrum de castellis, quod nostri antecessores habuerunt, habere volumus, illud vero, quod non havuerunt, nullo modo exigimus. Si quis hanc iussionem nfregerit, auri libras centum compnat, medieatem kamerae nostrae et medietatem illi, cui dampnum illatum est."（p. 337.）［さらに余は，あらゆる手段で以下のことを禁じる。いかなる領主も自身の騎士の恩貸地について，彼らの同意なく，カンビウム，プレカリア，リベルスの借地形態に変更することを禁じる。すなわち，世襲の権利で保有する領地を，命令，リベルス，プレカリアにより，誰も不当に奪ってはならない。また，余の前任者たちが保持していた城で饗応される権利を余も要求するが，これまでにその権利を持っていなかった城では要求しない。以上の命令を侵害する者がいれば，その者は金100ポンドの贖罪金を支払うべきであり，その額の半分は余の国庫に支払われ，他の半分は損害を受けた者に支払われるべきだ。］

（52） H.Keller, "Das Edictum de beneficiis Konrads II. und die Entwiklung des Lehnswesens in der ersten Hälfte des 11. Jahrhunderts," in; *Il feudalesimo nell'alto medioevo,* Spoleto 2000, vol. 1, pp. 227-257.

（53） G.Dilcher, "Die Entwicklung des Lehnswesens in Deutschland zwischen Saliern und Staufern," in: *Ibid.,* vol.1, pp. 263-303.

（54） リベルス（libellus）は，土地の賃貸契約の際に作成される証書を意味する

言葉だが，中世ヨーロッパにおいては，土地の賃貸契約の１つのあり方の名称として使用された。

（55） エンピテウシス（emphyteusis）は，古代ギリシアに起源する土地の賃貸契約で，ローマ帝国でこの賃貸契約はとくに農業振興の目的のために国家が行った帝国領の長期の賃貸を指していた。この契約で土地保有者（emphyteuta）は，土地所有者が持つ権利のほとんどすべてを保持でき，土地保有者が亡くなると土地は返却された。中世ヨーロッパでも土地の賃貸契約の一形態としてこの賃貸契約が存続していた。

（56） C. Violante, *La società milanese nell'età precomunale,* Bari 1953.

（57） A. Spiciani, *Benefici, livelli, feudi. Intreccio di rapporti tra chierici e laici nella Tuscia medioevale. La creazione di una società politica,* Pisa 1996.

（58） 『封の書（Libri feudorum）』の原文テクストは以下の書物に所収されている。ed. K. Lehmann, *Consuetudines feudorum,* Wiesbaden 1971. また，これについては『西洋法制史料選 II 中世』創文社，1978 年，110-127 頁にも抄訳がある。ただし，ここでの訳文はそれには従っていない。

（59） 第一章「いかにして封が獲得され保持されるのか（Quibus modis feudum adquiritur et retinetur）」の第一節の部分である。"1. Quia de feudis tractaturi sumus videamus primum, qui feudum dare possunt. Archiepiscopus, episcopus, abbas, abbatissa, praepositus, si antiquitus eorum fuit consuetudo, feudum dare possunt. Marchio, comes,qui proprie regis capitanei dicuntur. Sunt et alii, qui ab istis feudum accipiunt, qui proprie regis valvassores dicuntur, sed hodie capitanei appellantur; quiet ipsi feuda dare possunt. Ipsi vero, qui ab eis accipiunt, minores valvassores dicuntur."（ed. K. Lehmann, *op. cit.*, p. 8.）［封について論じようとするのでまず，誰が封を与えることができるかについてみたい。大司教，司教，修道院長，女子修道院長，修道院長代理は，もし封を与えることが彼らの古くからの慣習となっていれば，封を与えることができる。また，王の頭領（capitaneus）と正しくは呼ばれるべき辺境伯と伯は，同じく封を与えることができる。さらに，彼らから封を受領する彼らとは別の人々がいる。この人々は，正しくは王の陪臣（valvasores）と呼ばれるべき者だが，今日は頭領（capitanei）と称せられ，彼らもまた封を授与することができる。さらに，この人々より封を受領する人々は小陪臣（minores valvasores）と呼ばれる］

（60） "2. Quia vidimus de personis videamus, qualia prius habuerunt initia. Antiquissimo enim tempore sic erat In dominorum potestate connezum,ut quando

vellent, possent auferre. Postea vero eo ventum est, ut usque Ad vitam fidelis produceretur. Sed cum hoc jure successorio ad filios non pertineat. Sic pregressum est, ut ad filios deveniret, in quem scilicet dominus hoc vellet confirmare beneficium. Quod hodie ita stabilitum est, ut ad omnes aequaliter pertineat."（*Ibid.,* p. 8.）［今，関係する人々のことを考察したので，次にはどのようにして［封が］始まったのかを考察しよう。最古の時代には，それは主君の権力に結合されており，主君が望めばいつでもそれを再び没収することができた。しかし後にはそれは，従者の生存中は継続的に保持できるものになった。息子の継承権はなかったが，主君が息子へのその継承を承認するかぎりで，息子にも継承された。その原則は今日すべての者に等しく確認されている。］

（61） "Cum vero conradus proficisceretur Romam, petitum est a fidelibus,qui in ejus erant servitio, ut lege ab eo promulgata hoc etiam ad nepotes ex filio producere dignaretur et ut frater fratri sine legitimo herede defuncto in beneficio,quod vel eorum patris fuit succedat."（*Ibid.,* p. 8.）［コンラート２世はローマへの行軍の途上で，その行軍を行った彼の家臣たちから，彼らの息子の相続権を孫にまで拡大し，また，正統な相続人なく亡くなった兄弟の封をその兄弟が相続できるような法の布告を求められた。］

（62） "Quod etsi communiter acceperint, unus alteri non succedit nisi hoc nominatim dictum sit, scilicet ut uno defuncto sine legitimo herede alter succedat, herede vero relicto frater removebitur. Hoc autem notandum est, quod licet filiae ut masculi patribus succedant legibus, a successione feudi removentur, quia neque faidam levare vel pugnam facere possunt, et earum filii, nisi specialiter dictum sit ut ad eas pertineat. "（*Ibid.,* pp. 8-9.）［２人の兄弟が新しい封を共同で受け取るとき，あらかじめ合意していれば，一方が兄弟の取り分を相続できることを確認する。また，男子は相続できるが，女子は，封の相続から排除される。なぜなら女子はフェーデを行うことも，戦いに参加することもできないからである。特別に定められていなければ，女子の息子たちはこれを相続できる。］

（63） "4. Notandum est autem, quod illud beneficium, quod a regis capitaneis atque regis valvassoribus aliis praestatur, proprie jure feudi censetur, illud vero, quod a minoribus in alios transfertur, non jure feudi judicatur; sed quando voluerint recte auferre queunt, nisi Romam cum illis in exercitu perrexerint, quo casu in jure feudi transit, "（*Ibid.,* p. 9.）［王の頭領や王の陪臣，またその他の者に貸与される恩貸地については，封の法により裁判される。それに対し，王の

小陪臣が他の者に授与する封は，封の法では裁かれず，彼らが欲するときにはいつでも，彼らはそれを再び正当に没収することができる。ただし，彼らがローマへの行軍に参加していれば，彼らの恩貸地は封の法の管轄下に置かれるであろう。]

（64） “II. Qualiter feudum amittatur. Quia supra dictum est, quibus modis feudum adquiritur et retinetur, nunc videamus, qualiter amittatur. Si enim praelium campestre habuerit et vassallus eum morantem in ipso praelio dimiserit non mortuum non ad mortem vulneratum, feudum amittere debet. Item si fidelis dominum cucurbitaverit vel id facere laboraverit aut cum uxore ejus turpiter luserit vel si cum filia aut cum nepte ex filio aut cum sorore domini concubuerit, jure feudum amittere censetur. Similter si dominum assalierit vel castrum domini sciens dominum vel dominam ibi esse. Item si suum fratrem occiderit vel nepotem, id est filium fratris, aut si libellario nomine amplius mediatate feudi dederit aut pro pigore plus medietate obligaverit, ita ut transactum permittat, vel dolo hoc eferit, feudi ammissione mulctabitur.” (*Ibid.,* pp. 11-12.) [いかにして封は没収されるか。──家臣が自身の主君が亡くなっておらず，また，死に至るほどには傷を負っていないにもかかわらず，自分の主君を戦いで見捨てる場合，封は没収されるべきだ。自身の主君の妻と関係を結ぶか，あるいは娘か息子の娘と寝たりすることにより，主君を侮辱する場合，あるいはそれを試みる場合，封は没収されるべきだ。主君か主君の妃がそこにいることを知っているにもかかわらず，主君や主君の城を攻撃する場合，主君の兄弟あるいは甥──つまり兄弟の息子──を殺害する場合，自身の封（feudum）の半分以上を質入れする場合，封は没収されるべきだ。]

（65） “Mutus feudum retinere non potest, sed si feudum magnum fuerit, quo ei ablato se exhibere non valeat, tantum ei relinqui debet unde possit se retinere.” (*Ibid.,* pp. 12-13.) [唖者は，封を保持できないが，大きな封の場合にかぎり，封が取り上げられれば生活できない場合，彼に封の一部が残され，それで自身を扶養することができる。]

（66） D.Heirbaut, “Not European Feudalism, but Flemish Feudalism. A New Reading of Galbert of Bruges's Data on Feudalism in the Context of Early Twelfth-Century Flanders,” in; eds. J. Rider & A. V. Murray, *Galbert of Bruges and Historiography of Medieval Flanders,* Washington, D. C. 2009, pp. 56-88. Id., “Flanders: a Pioneer or State-Orientated Feudalism? Feudalism as an Instrument

of Comital Power in Flanders During the High Middle Ages（1000-1300），" in; ed. A. Musson, *Expectations of the Law in the Middle Ages,* Woodbridge 2001, pp. 23-34. Id., "Rituale und Rechtsgewohnheiten im flämischen Lehnrecht des hohen Mittelalters," *Frühmittelalterliche Studien,* 41（2008）, pp. 351-361.

(67) この年代記の校訂版は，*Galbertus Notarius Brugensis. De Multro, Traditione, et Occisione Gloriosi Karoli Comitis Flandriarum, CCCM, CXXXI*, 1994, Turnhout. 邦訳として，ガルベール・ド・ブリュージュ（守山記生訳）『ガルベールの日記――中世の領域君主と都市民』渓水社，1998年がある。

(68) フランス語しか理解できなかった伯ウィリアムに代わり，貴族や騎士に対して，臣従礼に必要な言葉をフラマン語で発する役割を果たした官吏。

(69) この引用文の原文は以下。"Primum homina fecerunt ita: comes requisivit si integre vellet homo suus fieri et ille respondit: 'Volo,' et junctis manibus amplexatus a manibus comitis, osculo confederati sunt. 'Secundo loco fidem dedit is qui hominium fecerat prolocutori comitis in iis verbis : 'Spondeo in fide mea me fidelem fore amodo comiti Willelmo et sibi hominium integraliter contra omnes observaturum fide bona et sine dolo.' Idemque super reliquias sanctorum tertio loco juravit. Deinde virgula, quam manu consul tenebat, investituras donavit eis omnibus qui hoc pacto securitatem et hominium simulque juramentum fecerant."（*Ibid.*, pp. 105-106.）

(70) P. Depreux, "Tassilon III et le roi des Francs. Examen d'une vassalité controversée," *Revue Historique*, 293（1995）, pp. 23-73.

(71) D. Heirbaut, "Flanders: a Pioneer or State-Orientated Feudalism? Feudalism as an Instrument of Comital Power in Flanders During the High Middle Ages（1000-1300）, " in; ed. A. Musson, *Expectations of the Law in the Middle Ages,* Woodbridge 2001, pp. 23-34.

(72) T. N. Bisson, "The «Feudal Revolution»," *Past & Present,* 142（1994）, pp. 6-42.

(73) G. Duby, *La société aux XIe et XIIe siècles dans le région mâconnaise,* Paris 1953.

(74) P. Bonnassie, *op. cit.*

(75) H. Débax, "«Une féodalité qui sent l'encre» : typologie des actes féodaux dans le Languedoc des XIe-XIIe siècles, " in; ed. J. -F. Nieus, *Le vassal, le fief et l'écrit. Pratiques d'écritures et enjeux documentaires dans le champ de la féodalité XIe-XIIe s.,* Turnhout 2008, pp. 35-70.

（76） Otto Brunner, *Land und Herrschaft,* Wien 1939.

（77） Peter Classen, "Das Wormser Konkordat in der deutschen Verfassungsgeschichte," in; ed. J. Fleckenstein, *Investiturstreit und Reichsverfassung,* Sigmaringen 1973.

（78） "... electus autem regalia per sceptrum a te recipiat et quae ex his iure tibi debet faciat." *MGH Constitutiones et acta publica imperatorum et regnum, I*, Nr. 108, pp. 159-161. [選出された者は笏によって汝よりレガリアを受けるが，このことにより，法に基づいて汝に対してなすべきことを行うのである。]

（79） J. Dendorfer, "Das Wormser Konkordat-ein Schritt auf dem Weg zur Feudalisierung der Reichsverfassung?," in; eds. J. Dendorfer & R. Deutinger, *Das Lehnswesen im Hochmittelalter. Forschungskonstrukte-Quellenbefunde-Deutungsrelevanz,* Ostfildern 2010, pp. 299-328.

（80） "... Quapropter dum ex predecessorum nostrrum more in universali curia Roncalie pro Tribunali resideremus, a princpibus Italicis, tam rectoribus ecclesiarum quam aliis fidelibus regni, non modicam accepimus querelam,quod beneficiati eorum feuda, que ab eis tenebant, sine dominorum licentia pignori obligaverant, vendiderant et quadam collusione nomine libelli alienaverant, unde debita servitia amittebant et honor imperii et nostre felicis expeditionis complementum plurimum minuebatur."（*MGH Fredericus I Constitutiones,* Nr. 149, pp. 207-208.）[余の前任者たちの習慣により，余はロンカリアの普遍宮廷において，裁決の場を開いているが，イタリアの諸侯，教会の諸侯，他の王国の家臣から，以下のような，小さくない苦情を聞いた。それは，それらの者から授封された者が，自身の封を主君の許可なく，質入れしたり，売却したり，秘密の約束をして，リベルスという名前の契約で譲渡したりしている。それにより，彼らは奉仕の義務を無視し，帝国の名誉を貶め，我々の軍役の首尾よい遂行を妨げている，というものである。]

（81） "... Scriba vero, qui super hoc instrumentum conscripserit, post ammissionem officii cum infamie periculo manum amittat. Preterea si quis infeudatus maior XIIII annis sua incuria vel negligentia per annum et diem steterit, quod feudi investituram a proprio domino non petierit, transacto hoc spatio feudum amittat, et ad dominum redeat. Firmiter etiam statuimus tam in Italia quam Alemannia, et quicumque indicta publice Expeditione voctus a domino suo ad eandem expeditionem spatio competenti venire temere supersederit vel alium pro se domino acceptabilem mittere contempserit vel dimidium reditus feudi unius anni

domino habet amittat, et dominus feudi in usus suos illud redigendi omnimodis habeat facultatem."（*Ibid.*, pp. 207-208.）[──この種の契約を書き記す書き手は，その仕事をする際には，その手を失うという不名誉な危険を伴う。また，14歳以上のすべての封取得者は，1年と1日以内に封への授封を彼の主君に願わねばならず，そうしなければ，封は再び主君に戻る。また，次のことも余は布告する。イタリアとドイツにおいて，主君から，あらゆる公的な遠征に召集され，従軍しないか，代理者も送らないか，あるいは，軍役の代わりに封の年収の半分を支払うかしない者は，封の主君は，その封を，再び自分の使用に戻す権力をもつ。]

(82)『小特許状』のラテン語原文とその訳文は以下。『西洋中世史料集』東京大学出版会，2000年，138-139頁に邦訳がある。

"... Noverit igitur omnium Christi impetiique nostri fidelium presens etas et successura posteritas, qualiter nos eius cooperante gratia, a quo celitus in terram pax missa est hominibus, in curia generali Ratispone in nativitate sancte Marie celebrata in presencia multorum religiosorum et catholicorum principum litem et controversiam, que inter silectissimum patruum nostrum Hainricum sucem Austrie et karissimum nepotem nostrum Hainricum Saxonie diu agitata fuit de ducatu Bawarie, hoc modo terminavimus: quod dux Austrie resignavit nobis ducatum Bawarie, quem statim in beneficium cencessimus duci Saxonie, dux autem Bawarie resignavit nobis marchiam Austrie cum omni iure suo et cum omnibus beneficiis, que quondam marcio Leupoldus habebat a ducatu Bawarie. Ne autem in hoc facto aliquatenus minui videretur honor et gloria dilectissimi patrui nostri, ... marchiam austire in ducatum commutavimus et eundem ducatum coum omni iure prefato patruo nostro Hainrico et prenobilissime uxori sue Theodore in beneficium concessimus, perpetuali lege sanctientes, ut ipse et liberi eorum post eos indifferenter filii sive filie eundem Austire ducatum hereditario iure a regno teneant et ppsideant; si autem predictus dux Austrie patruus noster et uxor eius absque liberis decesserint, libertatem habeant eundem ducatum affectandi cuicumque voluerint. Statuimus quoque, ut nulla magna vel parva persona in eiusdem ducatus regimine sine ducis consensu vel permissione aliquam iusticiam presumat exercere; dux vero Austire de ducato suo aliud servicium non debeat imperio, nisi quod ad curias, quas imperator in Bawaria prefixerut, evocatus veniat; nullam quoque expedicionem debeat, nisi quam forte

imperator in regna vel provincias austrie vicinaas ordinaverit.（“Privilegium minus”, 1156, Sept. ed. L. Weinrich, *Quellen zur deutschen Verfassungs-, Wirtschafts-und sozialgeschichte bis 1250, Ausgewählte Quellen zur deutschen Geschichte des Mittelalters,* Bd. 32, Darmstadt 1977, pp. 232-37.）［（前略）余は，――マリア生誕の日［9月8日］にレーゲンスブルクで厳粛に開催された全体会議において，余が――オーストリア大公ハインリヒと――ザクセン大公ハインリヒとの間でバイエルン大公領をめぐって以前から生じていた対立と紛争を次のように解決させたことを知らせる。すなわちオーストリア大公はバイエルン大公領を余に返還し，余はこれをただちに封としてザクセン大公に与えた。ただしバイエルン大公は，オーストリア辺境伯領を，かつて辺境伯レオポルトがバイエルン大公領に関して所有していたあらゆる権利およびあらゆる封とともに余に返還した。ただしこの処置により，余のいとも親愛なる伯父の対面と名誉がいささかも損なわれたとみなされないように，――余はオーストリア辺境伯領を大公領へと変更し，またこの大公領を，すべての諸権利とともに，上述の余の伯父ハインリヒと，いとも高貴なるその妻テオドラに封として与えた。また永遠の法として，彼らと彼らの後にはその子孫たちが，息子か娘かにかかわりなく，このオーストリア大公領を相続権とともに帝国から与えられ，所有すべきことを定めた。しかし上述の余の伯父オーストリア大公とその妻が子を残さずに死去する場合には，彼らはこの大公領を誰でも望みの人物に委ねる自由をもつべきである。さらに余は，この大公領の支配地域においては，身分の高い者も低い者も，大公の同意や許可なしにはいかなる支配権も行使してはならないことを定める。またオーストリア大公は，バイエルンで皇帝が開催する宮廷会議に召集される場合を除いて，大公の地位にもとづく帝国への奉仕の義務を負わない。また，皇帝がオーストリア周辺の王国や地域を対象に命じる遠征以外には参加する義務をもたない。］

（83） R. Holtzmann, *Der Kaiser als Marschall des Papstes : eine Untersuchung zur Geschichte der Beziehungen zwischen Kaiser und Papst im Mittelalter*, Berlin-Leipzig 1928.

（84） A. Hack, *Das Empfangszeremoniell bei mittelalterlichen Papst-Kaiser-Treffen, Forschungen zur Kaiser- und Papstgeschichte des Mittelalters,* Köln 1999.

（85） R. Deutinger, “Kaiser und Papst. Friedrich I. und Hadrian IV.,” in: ed. R. Deutinger, *Das Lehnswesen im Hochmittelalter. Forschungskonstrukte-Quellenbefunde-Deutungsrelevanz,* Ostfildern 2010, pp. 329-345.

（86） この問題の背景には，教皇ハドリアヌス4世がそれまでブレーメン・ハンブルク大司教座の管轄下にあったスカンディナビア半島の教会の監督権を，ブレーメン・ハンブルク大司教座から剝奪し，ルンド大司教座に帰属させたことがある。教皇はこれにより，ドイツ王権のスカンディナビア教会への影響力を弱め，教皇の同地域への影響力を高めようとした。この教皇の政策への批判もあり，デンマークのルント大司教エスキルが教皇庁からルントへの帰還時にブルグント地方でフリードリヒ1世の家臣とみられる者により，捕らえられ，監禁される事件が起こった。教皇は事態を重大視して，皇帝に早急な対応を求め，ブザンソンの宮廷議会に教皇の書簡を携えた使者を派遣した。

（87） このときの様子は，ラーエウィンの『フリードリヒ事績録』において以下のように記されている。「この書簡が特使により読まれ，書記局長ライナルトが十分に正確な訳により入念に説明すると，その内容が辛辣で，表現において将来の不和の原因となるものだったので，出席諸侯は強い憤激に動かされた。とりわけ，次のことが記されていると知って，すべての者が怒った。それは，皇帝は，まったき地位を教皇から与えられ，教皇の手から帝冠を授けられたのだが，皇帝が教皇から大なるbeneficiumを受領するなら，皇帝がローマ教会に大きな保護と便益を与えうることを考慮して，教皇はこれを悔やむことはないであろう，とのことである。――諸侯は怒り，その喧噪のなかで教皇特使の1人は，教皇からでなければ皇帝は誰から帝権を得るのかと語り，いっそうの怒りを招いた。宮廷は騒然となり，バイエルン宮中伯は抜刀して特使に斬りかかろうとしたので，皇帝はこれを制止し，2人の特使をローマに帰らせた。――」（ed. F. -J. Schmale, *Die Taten Friedrichs, oder, Richtiger Cronica/Bischof Otto von Freising und Ruhewin. Ausgewälte Quellen zur deutschen Geschichte des Mittelalters*, Bd. 17, Darmstadt 1965, pp. 414-418.）

（88） この教皇書簡で次のようにいわれる。"Hoc enim nomen ex 'bono' et 'facto' est editum et dicitur beneficium apud nos non feudum,sed bonum factum." *MGH Constitutiones et acta publica imperatorum et regum, I,* Nr. 168, p. 235.［――この言葉は，bonoとfactoから作られており，beneficiumは余の使い方ではfeudumではなくbonum factumの意味で使っている。］

（89） この部分の原文は以下。"Preterea ducatus, marchia, comitatus de caetero non dividatur. Aliud autem feudum, si consortes voluerint, dividatur, ita ut omnes, qui partem feudi habent iam divisi vel dividendi, fidelitatem domino faciant. *MGH Constitutiones et acta publica imperatorum et regum, I,* Nr. 177, p. 248."［また大公

領，辺境伯領，伯領などは分割されるべきではない。だが，他の封は，兄弟が望めば分割してもよい。そしてすでに分割されたか，これから分割される封の所有者は主君に忠誠をなすべきだ。］

（90） “Ita tamen ut vasallus pro uno feudo plures dominos habere non compellatur, nec dominus feudum sine voluntate vassallorum ad alium transferat.” *Ibid.*, p. 248.［だが分割の条件は，1つの封のために複数の主君を持つ家臣を強いられないこと，主君が家臣の同意なく封を他の者にしないことである。］

（91） “Insuper si filius vassalli dominium offenderit, pater a domino requisites deducat filium ad satisfaciendum domino vel a se filium separet, alioquin feudo privetur. Si vero pater vult eum deducere, ut satisfaciat, et filius contempnit, patre mortuo in deudum non succedat, nisi prius Domino satisfecerit; parique modo vassallus pro omnibus suis domesticis faciat.” *Ibid.*, pp. 248.［もし，家臣の息子が，主君を傷つければ，父が息子を主君に対する償いをさせるか，息子と離縁するか，そうでなければ，封は取り去られるべきだ。父が彼に償うように望みながら，息子がそれを無視して父が亡くなり，主君にその前に償っていなければ，彼は亡き父を継承できない。同じ仕方で，家臣は，自身の家の者のためになすべきだ。］

（92） “Preterea si de feudo inter duos vassallos sit controversia, domini sit cognitio, et per eum controversia terminetur. Si vero inter dominium et vassalum lis oriatur, per pares curiae a domino sub debito fidelitatis coniuratos terminetur.” *Ibid.*, pp. 248-249.［さらに2人の家臣の間で，封についての争いがあれば，そして主君の知るところになれば，主君により，争いが終結されるべきだ。もし，主君と家臣の間で争いが起これば，同輩の法廷により解決されるべきだ。］

（93） “Illud quoque sanccimus, ut in omni sacramento fidelitatis nominatim imperator excipiatur.” *Ibid.*, p. 249.［また余は以下のことを定める。すべての忠誠の誓約において皇帝は除外されるべきである。］

（94） K. Heinemeyer, “Der Prozess Heirichs des Löwen,” *Blätter für deutsche Landesgeschichte*, 117（1981）, pp.1-59. *MGH Constitutiones et acta publica imperatorum et regum I*, Hannover 1893.

（95） 原文は以下。“Proinde tam presentium quam futurorum imperii flidelium noverit iniversitas, qualiter Heinricus quoniam dux Bawarie et Westfalie eo, quod ecclesiarum dei et nobilium imperii libertatem possessiones eorum occupando et iura ipsorum imminuendo graviter oppresserat, ex instanti principum querimonia

et plurimorum nobilium, quia catacione vocatus maiestati nostre presentari contempserit et pro hac contumacia principum et sue Condicionis Sueuorum proscriptionis nostre inciderit sentenciam, deinde quoniam in ecclesias dei et principum ac nobilium iura et libertatem crassari non destitit, tam pro illorum iniuria quam pro multiplici contemptu nobis exhibito ac precipue pro evidenti reatu maiestatis sub feodali iure legitimo trino edicto ad nostram citatus audientiam eo, quod se absentasset nec aliquem pro se misisset responsalem, contumax iudicatus est, ac proinde tam ducatus Bawarie quam Westfaie et Angarie quam etiam universa, que ab imperio tenuit, beneficia per unanimem principum sentenciam in sollempni curia Wirziburc celeblata ei abiudicata sunt nostroque iuri addicta et potestati."

（96） eds. Johannes Fried & Otto Gerhard Oexle, *Heinrich der Löwe: Herrschaft und Repräsentation*, Ostfildern 2003.

（97） F. M. Stenton, *The First Century of English Feudalism 1066-1166,* Oxford 2nd ed. 1961.

（98） D. A. Carpenter, "The Second Age of English Feudalism," *Past & Present*, 168 (2000), pp. 30-71.

第四章　一三〜一六世紀のドイツにおける「封」と「家臣制」

（99） H. Mitteis, *Lehenrecht und Staatgewalt. Untersuchungen zur mittelalterlichen Verfassungsgeschichte,* Weimar 1933.

（100）　ミッタイスの「授封強制」論については，世良晃志郎『封建制社会の法的構造』創文社，1977 年，226-229 頁参照。

（101） P. Landau, "Der Entstehungsort des Sachsenspiegels. Eike von Reggow, Altzelle und die anglo-normannische Kanonistik," *Deutsches Archiv für Erforschung des Mittelalters,* 61 (2005), pp. 73-101.

（102）「皇帝は，すべての教会諸侯の封を笏（sceptre）をもって授け，すべての世俗の旗封は旗（vane）をもって授ける。彼はまた，いかなる旗封をも 1 年と 1 日（以上）自由にしておいてはならない。」（久保正幡，石川武，直居淳訳）『ザクセンシュピーゲルラント法』創文社，1977 年，307 頁。

（103） W. Goez, *Der Leihezwang. Eine Untersuchung zur Geschichte des deutschen Lehenrechtes,* Tübingen 1962.

（104） H. -G. Krause, " Der Sachsenspiegel und das Problem des sogenannten

Leihezwangs. Zugleich ein Beitrag zur Entstehung des Sachsenspiegels," *Zeitschrift der Savigny-Stiftung für Rechtsgeschichte, Germ. Abt.*, 93(1976), pp. 21-99.

（105） H. Leppin, "Untersuchugen zum Leihezwang," *Zeitschrift der Savigny-Stiftung für Rechtsgeschichte, Germ. Abt.* 105（1988）, pp. 239-252.

（106） K. -F. Krieger, *Die Lehnshoheit der deutschen Könige im Spätmittelalter*（*ca.1200-1437*）, Aalen 1979.

（107） G. Theuerkauf, *Land und Lehnswesen vom 14. bis zum 16. Jahrhundert,* Köln-Graz 1961.

（108） H.Vollrath, "Politische Ordnungsvorstellungen und politisches Handeln im Vergleich. Phlipp II. August von Frankreich und Friedrich Barbarossa im Konflikt mit ihren mächtigen Fürsten," in; eds. J. Canning & O. G. Oexle, *Politisches Denken und die Wirklichkeit der Macht im Mittelalter,* Göttingen 1998, pp. 33-51.

（109） "Papen unde wif, dorpere, koplude, unde alle de rechtes darvet oder unecht goboren sint, unde alle de nicht ne sin van riddeeres art van vader unde van eldervader, de scolen lenrechtes darven."（ed. K. A. Eckhardt, *Sachsenspiegel Lehnrecht,* Göttingen 1956, p.19）.［聖職者，女性，農民，商人，権利のない者，婚外子，そして，父，祖父の代から騎士の身分でない者は，封を保持する権利がない。］

（110） バイエルン州立図書館に所蔵されている『ファルケンシュタイン文書（Codex Falkensteinensis）』の写本は，同図書館がオンラインで公開している（Bayerische Landesbibliothek Online）。

（111） W. Sauer, *Die ältesten Lehnbücher der Herrschaft Bolanden*, Wiesbaden – Philadelphia 1883.

（112） マインツ大司教ハインリヒは，教会所領の浪費を理由に廃位されたが，その背景には当時のハインリヒと対立する国王側近との確執があったとされる。

（113） この『ファルツ伯フリードリヒ１世の封の書（Lehnbuch des Pfalzgrafen Friedrich. I）』の写本は，バーデン・ヴュルテンベルク州立文書館（Landesarchiv Baden-Württemberg）に所蔵。

（114） ファルツ伯ルプレヒト３世が作成させた『封の書（Lehenbuch）』のこと。

（115） K. -F. Krieger, *op. cit.*

（116） Johann Georg Krünitz, *Oekonomische Encyklopädie, oder, Allgemeines System der Staats-, Stadt-, Haus-, und Landwirthschaft, in alphabetischer Ordnung,* Berlin